# CADERNOS DE PROCESSO DO TRABALHO

# N. 39

## AÇÃO RESCISÓRIA

## PRIMEIRA PARTE

De acordo com a Lei n. 13.467/2017 (Reforma Trabalhista)

Dedico este Caderno
ao Armando Casimiro Costa Filho, *in memoriam*.

**Manoel Antonio Teixeira Filho**

Advogado — Juiz aposentado do TRT da 9.ª Região – Fundador da Escola da Associação dos Magistrados do Trabalho do Paraná — Professor Emérito do Centro Universitário de Curitiba-Unicuritiba – Professor na Escola da Magistratura do Trabalho do Paraná — Membro do Instituto Latinoamericano de Derecho del Trabajo y de la Seguridad Social — do Instituto de Direito Social do Brasil — da Société Internacionale de Droit du Travail et de la Sécurité Sociale— do Instituto dos Advogados do Paraná — da Academia Nacional de Direito do Trabalho -- da Academia Paranaense de Letras Jurídicas – do Instituto dos Advogados de São Paulo.

# CADERNOS DE PROCESSO DO TRABALHO

# N. 39

## AÇÃO RESCISÓRIA

## PRIMEIRA PARTE

**De acordo com a Lei n. 13.467/2017 (Reforma Trabalhista)**

LTr®

LTr Editora Ltda



Rua Jaguaribe, 571
CEP 01224-003
São Paulo, SP — Brasil
Fone (11) 2167-1101
www.ltr.com.br
Dezembro, 2021

Produção Gráfica e Editoração Eletrônica: PIETRA DIAGRAMAÇÃO
Projeto de capa: DANILO REBELLO
Impressão: META BRASIL

Versão impressa — LTr 6039.9 — ISBN 978-65-5883-109-9
Versão digital — LTr 9827.3 — ISBN 978-65-5883-119-8

Dados Internacionais de Catalogação na Publicação (CIP)

(Câmara Brasileira do Livro, SP, Brasil)

Teixeira Filho, Manoel Antonio

Cadernos de processo do trabalho, n. 39: ação rescisória: primeira parte/ Manoel Antonio Teixeira Filho. - São Paulo: LTr, 2021. "De acordo com a Lei n. 13.467/2017 (reforma trabalhista)"

Bibliografia.

ISBN 978-65-5883-109-9

1. Ação rescisória - Brasil 2. Direito processual do trabalho 3. Direito processual do trabalho - Brasil I. Título.

21-86389 CDU-347.9:331(81)

Índice para catálogo sistemático:

1. Brasil : Direito processual do trabalho 347.9:331(81)

Cibele Maria Dias - Bibliotecária - CRB-8/9427

SUMÁRIO

# CAPÍTULO I

# Escorço histórico

## 1. Direito romano

A notável influência exercida pelo direito romano na civilização do Ocidente justifica a atenção especial que a ele costumam dedicar os estudiosos, sempre que se ocupam em investigar as origens remotas dos institutos jurídicos dos tempos modernos.

Não é diferente o que se passa em sede de ação rescisória, nada obstante se saiba que aquele direito antigo não realizou uma adequada sistematização das nulidades dos atos jurídicos de direito privado e de direito público, apesar de havê-los separado.

No período das *legis actiones*, Roma não conhecia qualquer ação ou mesmo recurso dirigido à sentença nula, proferida pelo *iudex privatus*. É bem verdade que o réu poderia opor-se a essa espécie de sentença, solicitando a sua revogação, lastreando-se, para isso, na existência de vícios; caso o vindex do réu não fosse admitido, este corria o risco de ser condenado em dobro (*duplum*). Tratava-se da *revocatio in duplum*. O autor, contudo, ficava desapercebido de qualquer meio para obter um decreto judicial de nulidade da sentença.

Na fase das fórmulas, permitia-se ao réu defender-se contra a *actio iudicati* (dispensando-o do *vindex*), além de conceder-lhe — assim como ao autor — um remédio destinado a extrair uma declaração extrajudicial quanto à nulidade da sentença. Convém destacar que o conceito romano de nulidade não coincidia com o consagrado na atualidade, segundo o qual esta se traduz na propriedade de uma sentença existente; em Roma, a nulidade correspondia, em rigor, à inexistência da sentença. Por esse motivo, pode-se afirmar que, no período formulário, a ação rescisória assumia contornos declaratórios, na medida em que afirmava (= reconhecia) a existência do julgado.

O réu, todavia, não estava obrigado a fazer uso dessa ação: poderia conseguir o reconhecimento da nulidade do decreto judicial na oportunidade em que se defendesse, na execução.

Só ensejavam a nulidade da sentença, no direito romano, os *errores in procedendo*, pois os *errores in iudicando* não podiam constituir objeto de impugnação. Isso significa que a má apreciação da prova, pelo juiz, não impedia o trânsito em julgado da sentença.

A partir de certa fase do desenvolvimento do direito estabelecido em Roma, o Pretor podia ordenar o desfazimento de ato realizado mediante violência, fazendo com que tudo retornasse ao *status quo ante*. Era a *restitutio in integrum*. Sendo o ato derivante de dolo, o remédio cabível residia na *in integrum restitutio ob dolum*; caso o ato acarretasse diminuição do patrimônio do devedor (e prejuízo aos credores), utilizava-se a *in integrum restitutio ob fraudem* para combater a *fraus creditorum*, a despeito de tolerar-se, também, o emprego *da interdictum fraudatorium* e da ação pauliana.

Já no Império, registra-se a presença da apelação, à qual se colava o efeito de submeter ao conhecimento do Imperador a matéria apreciada pela sentença. Como o Imperador, com o decorrer do tempo, viu-se impossibilitado de julgar as apelações que lhe eram encaminhadas, delegou esse poder a seus prepostos (funcionários graduados), firmando-se a *appellatio* como meio ordinário de impugnação à sentença emitida em processo contaminado por errores *in iudicando*.

Embora tenha sido introduzida a apelação no processo da *cognitia extraordinaria*, não cessou o uso da *restitutio in integrum* e da *supplicatio*; esta figurava como recurso especial ao Imperador, visando ao reexame da sentença, que se alegasse eivada por erro de direito, ou se afirmasse ser injusta.

Não era admissível a *appellatio* das sentenças tiradas pelo Prefeito do Pretório, em que pese à possibilidade de serem contrastadas pela supplicatio, que, uma vez aceita, implicava a *retractatio*, consistente na instauração de novo juízo para o rejulgamento da causa.

Inicialmente, a rescindibilidade das sentenças estava a cargo de terceiro, que agia como pacificador; mais tarde, o Príncipe, *ex iusta causa*, passou a conceder a rescisão, até que esse poder acabou sendo estendido aos Prefeitos dos Pretórios, ao Pretor, ao presidente, ao procurador de Júlio César e aos demais magistrados, embora esses somente pudessem desfazer as decisões por eles próprios proferidas, nunca por superiores hierárquicos. Demais, senda restituição. Por outro lado, a *restitutio* não era possível contra delito que o recorrente houvesse cometido. Indicam-se como outras características da restituição romana: a) não podia ser usada contra decisão proferida em decorrência de juramento efetuado pelos litigantes; b) a exigência de lesão não era absoluta, bastando, para o cabimento desse remédio, a probabilidade de dano; c) não poderia fundamentá-la o caso fortuito; d) só era concedida quando inexistisse outro meio jurídico apto a reparar o dano ou a prevenir a sua ocorrência; e) encontravam-se ativamente legitimados o lesado e os seus sucessores universais; passivamente, o interessado no ato lesivo e seus herdeiros; f) o pedido de restituição provocava a suspensão da execução; g) o efeito era o de fazer com que as coisas regressassem ao *status quo ante*, vale dizer, que voltassem a ser o que eram antes da prática do ato impugnado; h) as justas causas para a restituição eram: menoridade, violência, dolo, fraude, erro, *capitis deminutio* do devedor, embora ínfima etc. Com Adriano, permitiu-se a *restitutionis* contra sentença definitiva calcada em falsos testemunhos. Posteriormente, fundou a restituição, também, o fato de o julgamento haver sido realizado com base em documentos falsos.

Como afirmamos em linhas anteriores, o gênio romano não possuía um perfeito sistema respeitante às nulidades dos atos jurídicos de direito privado e de direito público, conquanto se perceba uma razoável harmonia nesse sistema. Observa Pontes de Miranda que o *irritum fieri, ad irritum revocari, e rescindere* não se confundem com o *nullum* esse, pois o *rescindere e o revocare (voluntatem, donationem, libertatem)* se referiam à desconstituibilidade, "com certa diferença pelos efeitos *in rem e ex tunc*, por parte daquele (Ludwig Mitteis, "*Romisches Privatrecht bis auf die Zeit Diokletianos*", 239), e *ex nunc* ou simplesmente pessoais, por parte desse"[(1)], concluindo que, vez e outra, *revocare* toma o lugar de *rescindire* por mera imprecisão de linguagem[(2)].

O nulo, segundo o conceito que lhe empresta a doutrina científica moderna, não existia em Roma.

De outra parte, importa assinalar que o processo germânico se caracterizava pela consagração do princípio da força formal da sentença, conforme o qual, antes de ser emitida, contra ela deveria a parte deduzir toda espécie de impugnação possível, porquanto a sentença era irrecorrível (ou inatacável), equiparando-se, assim, neste aspecto, à própria lei. Aliás, essa comparação era apropriada, vez que tanto a lei como a sentença, em última análise, provinham do povo.

Em Roma, ao contrário, verifica-se uma concentração de poderes nas mãos do Imperador. Além disso, o direito romano não admitia que os vícios e defeitos da sentença fossem sanados — fato que era permitido pelo processo germânico.

A querela por denegação de justiça estava na *Lex Visigothorum* (*Rescesvindo*, em 654), que continha, também, o processo contra o juiz inquinado de suspeito e a ação a ser utilizada para combater sentença injusta, tendo havido corrupção ou erro. Referida ação, na hipótese de julgamento injusto por ignorância, ou

---

(1) *Tratado da ação rescisória*. 5. ed. Rio de Janeiro: Forense, 1976. p. 92.

(2) *Ibidem*.

por má apreciação dos fatos da causa, era empregada para atacar nulidades. Indaga Pontes de Miranda se a nulidade, aí, era no sentido de sentença *nulla* (= inexistente), ou de sentença eivada e impugnável, comentando que W. Seelmann (*"Der Rechtszug"*, 91) aludiu à presença desse *non valere* nos textos bávaros e burgúndios, para dizer que, no direito germânico, inexistia a sentença injusta[(3)], concluindo que "A verdade está em que da antítese germânica da força formal da sentença, com a tese romana de inexistência, surgiu o conceito de nulidade = impugnabilidade, em vez de não nulidade e não existência"[(4)].

Uma particularidade significativa colocava, a propósito, em realce o sistema germânico de processo; é que o órgão proferidor da sentença não era o mesmo que a impunha. Com efeito, como, segundo a óptica desse sistema, faltava às decisões o elemento mandamental, a solução era fazer com que a obrigatoriedade dos julgados viesse por obra de terceiro. Percebe-se, desse modo, que as decisões proferidas no processo germânico, da época, correspondiam a pouco mais do que um parecer; esse mais se situava nas pessoas que respondiam às consultas formuladas pelos interessados, a respeito de certas questões jurídicas, e na conversão desses pareceres em julgamentos obrigatórios: "Os 'achadores' de decisão eram os iguais das partes, pois que as partes eram, como eles, membros da assembleia judiciária"[(5)].

O que se passava, nesse período prisco, é que o autor não pedia e sim "propunha" a decisão que desejava obter, embora fosse manifesto o seu interesse quanto ao resultado do julgamento, interesse que, por certo, não ficava diluído pela circunstância de ser membro da assembleia. Cabia aos "achadores" acolher ou rejeitar a proposta de decisão.

Conquanto a opinião doutrinária predominante seja no sentido de que a ação rescisória proveio da *querella nullitatis* romana, Pontes de Miranda adverte, com acerto, quanto ao equívoco desse pensamento. Para o notável jurista, a rescisória é decorrente da concepção romana da sentença mais a concepção de *sententia nulla,* perante o juiz privado, recompostas pelos glosadores e canonistas do século XIII, mais a correção realizada pelo princípio germânico da força formal da sentença[(6)].

A ação rescisória também não deriva da *querella nullitatis* dos textos italianos da época (século XII). Essa *querella* está ligada ao desenvolvimento da atividade comercial nas cidades italianas e é produto da "tendência de todo o processo estatutário a tornar célere a solução das controvérsias, para a segurança do direito

---

(3) *Ibidem.*
(4) *Ob. cit., p. 28.*
(5) *Ibidem.*
(6) *Ibidem.*

no interesse do comércio"[7]. O instituto em exame apresenta, em muitos de seus aspectos, similitude com a apelação, pois tanto essa quanto aquela eram interpostos a juiz superior ao que proferiu a sentença; além disso, a exaustão do prazo para o oferecimento da *querella* fazia da sentença coisa absoluta e definitivamente julgada[8].

Para sintetizarmos o quanto até essa parte expendemos: o processo medieval europeu, no que respeita ao saneamento dos vícios existentes nas sentenças, se sustentava em dois princípios: um, de origem romana, conforme o qual os erros procedimentais (*errores in procedendo*) acarretavam a nulidade (= inexistência) da decisão, ao passo que os erros de julgamento (*errores in iudicando*) deveriam ser corrigidos por meio de recurso; outro, transmitido pelo direito germânico, que afirmava somente ser corrigível pela via recursal a injustiça do julgado, oriunda de *error in procedendo* ou *error in iudicando*.

## 2. Direito reinícola português

Informa Pontes de Miranda que até o início do século XIII (1217) havia certa possibilidade de serem reabertas as causas, prática que Afonso II procurou anatematizar, impedindo a formação de demandas sobre demandas, limitando, porém, dita possibilidade aos casos de erros e desde que isso fosse autorizado pelo rei[9].

Posteriormente, Lei de D. Dinis, de 24 de abril de 1302, vinha para permitir que o interessado pedisse diretamente a revogação da sentença (para eliminar erro), hipótese em que era necessária a autorização do monarca; essa autorização não era exigida, contudo, quando a sentença fosse nenhuma. Referindo-se a essa lei, disse Pontes de Miranda: "Provavelmente os efeitos eram *ex tunc*, o que torna o revogar da Lei de D. Diniz sinônimo perfeito de rescindir"[10], acrescentando que os casos normais de rescindibilidade eram os da falsa prova e todos os demais de sentença nula, que fazia lembrar equivocadamente, o *nulla* do direito romano[11]. Em situações excepcionais, o rei poderia examinar o feito em sua integralidade, ou determinar que outrem o fizesse, e, se se convencesse da existência de erro, providenciar a necessária correção. O texto dessa lei, entretanto, não é muito claro quanto a isso. Não se pode afirmar, com certeza, se o exame quanto à existência de erro era realizado pelo próprio rei, ou se ele remetia a

(7) Calamandrei, Piero. *La cassazione civile*. Milano/Roma: Fratelli Bocca Editori, 1920. vol. 1, p. 139
(8) Ob. cit., p. 140.
(9) Ob. cit., p. 98
(10) *Ibidem*.
(11) Ob. cit., p. 99.

causa aos juízes, a fim de que apenas desconstituíssem o julgado (*rescindens*) ou realizassem novo julgamento (*rescissorium*): "Fosse como fosse, o direito lusitano já se havia livrado, em 1217, pelo menos, do conceito romano de '*nulla* = inexistente. E o 'nula' não era o 'inexistente', nem o '*nulla*'"(12).

## 2.1. Ordenações Afonsinas

Essas Ordenações reinóis, absorvendo as lições que vinham do direito romano, separavam as sentenças em "nenhumas" e em "algumas" (Livro III, Título 78), ou seja, em sentenças inexistentes e existentes, afetadas ou não pela nulidade. Mesmo que os vocábulos "nula" e "nenhuma" houvessem perdido o sentido de inexistente, a ambiguidade persistiu em virtude da própria diversidade das fontes: nula, com o senso de invalidade, e rescindível. Hoje sabemos que não há invalidade nas sentenças meramente rescindíveis.

Vê-se nas Ordenações Afonsinas (Livro III, Título 108, § 3º) a incorporação da Lei de D. Dinis, de 24 de abril de 1302, acima referida:

> *[...]aquelles, que contra ellas vierem, e pedirem Juiz, ou perante algum Juiz vierem per aquellas revogar, que peitem a ElRey quinhentos Soldos, e o dano, e perda as partes, e nom seerem mais ouvidos, e as sentenças serem firmes: salvo se as sentenças forem dadas per falsas testemunhas, ou per falsos Estormentos, ou per falsas Cartas, ou per outra maneira que a Sentença seja nenhuma. E se alguma das partes tever voguado, ou Procurador, e esse Procurador, ou Voguado veer perante o Sobre-Juiz; ou perante os Ouvidores, pera querer revoguar as Sentenças, que assy forem confirmadas, que peite a sobredita pena, e a parte nam: salvo vendo ElRey primeiramente todo o feito, ou a mandar ver, e achar, que há em elle tal erro, que se deva de correger, entam mande que se corregua.*

A intenção de D. Afonso II, de evitar a reabertura das demandas, está patenteada no Livro III, Título 108, das Ordenações em estudo:

> *ElRey Dom Affonso e Segundo de Famosa Memoria em seu tempo fez Ley em esta forma, que se segue: 1. Cobiçando Nós poer cima aas demandas, e nam cheguar demanda a demandas, e que per esto ajam as demandas fim qual devem, Estabelecemos que se algum trover a nosso Juizo aquelle, que houve desmandado, depois da sentença dos nossos Juizes, querendo-lhe Nós fazer mercê, que lhe conheçam d'êrro alguun, se o hy houver, e depois for vencido, e achado, que a sentença, que gainhou a outra parte contra elle, he boa, e qual devia, por esto, porque constrange o seu adversario como nom devia, se o vencedor for Cavaleiro, ou Clериguo Prelado da Igreja, o vencido seja penado em*

---

(12) Ob. cit., p. 100.

*dez maravedis d'ouro; e se for piam, ou Clериguo nom Prelado, seja penado em cinquo maravedis d'ouro.*

Pela importância histórica, merecem ser reproduzidas as disposições constantes dos parágrafos 6 e 7 (Livro III, Título 108), das Ordenações Afonsinas. Estava no parágrafo 6:

> *As quaes Leys vistas per Nós, adendo e declarando em ellas Dizemos que geralmente em todo caso, sem fazendo defferença entre as pessoas, assy vencedores, como condenados, depois que os feitos forem desembarguados per Sentença dos nossos Juizes da Supricaçam, nam sejam já mais revistos em nenhum caso; salvo se os condenados em ellas alleguarem, e affirmarem, que foram dadas per falsas provas, a saber, testemunhas falsas, ou escripturas, declarando, e especificando logo a especie de falsidade, segundo mais compridamente he contheudo nas Ordenações sobre ello feitas, a saber, no Título Da Fee, que se deve dar aos Estormentos publicos, e no Título Das Provas, que se devem fazer por Escripturas publicas, a qual falsidade nunqua fosse aleguada até esse tempo em esses feitos, ou se foi aleguada, nom foi recebida; ou disserem que as ditas Sentenças foram dadas por Juizes subornados e peitados para ello: ou Nós per graça especial mandarmos rever as ditas Sentenças, e processos, donde sahiram, a qual revista será feita nos ditos casos per nosso mandado especial, e d'outra guiza nom.*

Estatuía o § 7:

> *"Pero que no caso, honde os ditos condenados nom aleguarem falsidade de testemunhas, ou Escripturas, ou sobornaçam de Juizes, mas somente pedirem, que per graça especial e mercê lhe sejam os ditos feitos com as Sentenças revistas, em tal caso nom lhe seja outorguada sua petiçam, salvo paguando primeiramente trinta escudos d'ouro do nosso cunho para a nossa Chancelaria, e de hy per cima, secundo a calidade do feito for, e dos Juizes que esses feitos desembarguarem; e quando achado for, que esses condenados em todo foram aggravados. Nós lhe mandaremos tornar os ditos escudos, que assy houverem paguado, e bem assy parte delles se em parte forem achados aggravados, e d'outra guiza nam lhe seram mais tornados".*

Figuram, pois, no texto das Ordenações Afonsinas, como pressupostos da ação rescisória: a) falsa prova, pouco importando se a falsidade houvesse sido alegada, ou não ("*salvo se os condenados em ellas aleguarem, e affirmarem, que foram dadas per falsas provas, a saber, testemunhas falsas ou Escripturas, declarando, e especificando logo a especie da falsidade, segundo mais compridamente he contheudo nas Ordenações sobre ello feitas*"); b) peita e suborno dos juízes (Livro III, Título 108, § 1); c) ausência de citação da parte; d) contra sentença anteriormente proferida; e) "*per algun* preço, que o Juiz recebeo pera a dar"; f) falso acinte à pessoa ausente; g) "se eram muitos Juizes deleguados e alguns deles derão Sentença sem outros" (Título 78); h) violação do direito expresso ("E aquela

Sentença he chamada per Direito alguuma, que pero nom seja dada expressamente contra Direito, de dada contra direito da parte", conforme constava do referido Título 78, § 2). Lembra Pontes de Miranda que as questões pertinentes à falsa prova, à peita e ao suborno de juízes estavam afetas à revista, denominação com que a ação era, algumas vezes, identificada nos textos do período[13].

Como registro histórico, convém salientar que as Ordenações Afonsinas vigoraram de 1446 a 1514.

### 2.2. Ordenações Manuelinas

Essas Ordenações sobrevieram às Afonsinas, ficando a viger até 1603.

Em tema de rescisória, as modificações introduzidas pelas Ordenações Manuelinas foram de pequena monta. Em essência, abandonou-se a alusão à revogação, constante do texto anterior. Entende Pontes de Miranda que o desaparecimento da referência à revogação prendeu-se ao fato de desejar-se enfatizar que não se cuidava da retirada da *vox*, existente na sentença, mas de rescisão (*rescisio*), argumentando que a moderna terminologia justifica o que ocorreu: "em vez dos conceitos de declaração de inexistência, de decretação de nulidade, ou de revogação — o mais próprio, por traduzir melhor o que acontece, que é o de rescisão" [14], para arrematar: "Quem rescinde, corta, cinde, o que existe e vale e não poderia ser revogado"[15].

### 2.3. Ordenações Filipinas

Essas ordenações reinícolas, após declararem que a sentença que fosse por direito nenhuma jamais passaria em julgado, esclareciam que, a qualquer tempo, a parte poderia opor-se a ela, pois dita sentença, sendo destituída de efeitos jurídicos, dispensava o uso da apelação (Livro III, Título LXXV).

No texto das Ordenações Filipinas colhe-se, ainda, esta lição:

> *"E he per Direito a sentença nenhuma, quando he dada sem a parte ser primeiro citada, ou he contra sentença já dada, ou foi dada por peita, ou preço, que o Juiz houve, ou per falsa prova, ou se eram muitos Juizes delagados, e alguns deram sentença sem os outros, ou se foi dada per Juiz incompetente em parte, ou em todo, ou quando foi dada contra Direito expresso, assy como se o Juiz julgassediretamente que o menor de quatorze annos podia fazer testamento, ou podia ser testemunha, ou outra cousa semelhante, que seja contra nossas Ordenações, ou contra Direito expresso. 1) E posto que de tal sentença seja appellado, não será por isso feita per Direito valiosa, ainda que a appe-*

(13) Ob. cit., p. 101.
(14) Ob. cit., p. 102.
(15) *Ibidem.*

*llação pareça acto approvativo della, pelo qual parece o appellante approvar a tal nullidade; porque pois a sentença de princípio foi nenhuma, já per nenhum acto seguinte pode ser confirmada, salvo per Nós de certa sciencia, porque o Rei he Lei animada sobre a terra, e pode fazer Lei e revogal-a, quando vir que convem fazer-se assy. 2) Porém, se o Juiz julgasse contra o direito da parte, e não contra Direito expresso, não será a sentença per Direito nenhuma, mas he valiosa; e por tanto he necessario, que a parte appelle della ao tempo limitado para appellar, porque não appellando, ficará a sentença firme, como se fosse bem julgado. E pode-se, por exemplo, se fosse contenda sobre hum testamento, dizendo-se huma parte, que o testador era menor de quatorze annos ao tempo que o fez, e da outra parte se dissesse, que era maior; e postoque pelas inquirições se provasse que era menor da dita idade ao dito tempo, o Juiz julgou o testamento per bom e valioso, não havendo respeito, como he per Direito determinado, que o testamento feito pelo menor de quatorze annos he nenhuma; mas havendo respeito como se não provara ser menor, sendo porém provado o contrário pelas inquirições. Porém nos feitos crimes, em que a Justiça ha lugar, sempre os Juizes appellarão por parte da Justiça, postoque as partes não appellem" (ibidem).*

## 3. A fase da legislação brasileira

### 3.1. O Regulamento n. 737, de 1850

Em 1850, o Governo do Império dá a lume o Código Comercial e um Código de Processo Comercial — este, o conhecido Regulamento n. 737 (de 25 de novembro). A contar daí, as causas comerciais passaram a ser regidas pelo novo Código, ao passo que as civis permaneceram disciplinadas pelas Ordenações Filipinas. Mais tarde, já proclamada a República, o Governo Provisório, visando a dar cobro a essa anômala dualidade de processos, determinou, pelo Decreto n. 763, de 19 de setembro de 1890, a aplicação do mencionado Regulamento às causas de natureza civil.

Na parte que interessa ao objetivo deste capítulo, o Regulamento n. 737 incorporou a expressão "direito expresso", encontradiça no direito anterior, embora não tenha efetuado nenhuma referência à coisa julgada, como seria desejável que o fizesse, pois isso reprepou-se em fornecer os elementos definidores da sentença "nula", tendo o art. 681 indicado os meios eficazes para conseguir-se a "anulação" do julgado: 1. apelação; 2. revista; 3. embargos à execução; e 4. ação rescisória — desde que a sentença não houvesse sido proferida em grau de revista. Em rigor, o Regulamento em estudo encambulhou assuntos — ou quando menos, caracterizou-se, no particular, por uma dubitatividade tumultuante —, pois não precisou se se tratava, no caso, de sentença nula, anulável, ou rescindível.

A despeito de a moderna doutrina processual, em sua maioria, dispensar tratamento encomiástico ao Regulamento n. 737, Pontes de Miranda, após sentenciar que os povos dificilmente se libertam do princípio de certas frases feitas, e que uma dessas frases foi "a obra-prima do Regulamento n. 737", considera esse texto legal "defeituoso, mal concebido, fácil, por superficial, e eivado de graves fugidas às mais sérias dificuldades científicas"(16).

A nota cáustica, que assinala a crítica de Pontes de Miranda, a faz injusta. Até podemos admitir que o Regulamento n. 737 não tenha sido a obra-prima, o monumento processual de que tantos falam, em que pese seja de reconhecer-se o quilate dos juristas que o elaboraram (José Clemente, Nabuco de Araújo, Carvalho Moreira, Caetano Alberto, Barão de Mauá).

Pondo-se à frente, porém, a época em que esse texto foi produzido, não se pode deixar de atribuir-lhe o mérito de haver representado um expressivo avanço do direito processual em virtude de sua preocupação em simplificar os atos procedimentais e de reduzir certos prazos. A particularidade de haver-se mantido fiel a certas diretrizes das Ordenações Afonsinas não justifica a diatribe formulada por Pontes de Miranda; além disso, a linguagem desse Regulamento atendia aos rigores científicos daquele momento e não fica gravemente comprometida diante das exigências atuais.

O seu valor histórico, de qualquer modo, é irrecusável.

### 3.2. O Decreto n. 763, de 1890

Como vimos, o Decreto n. 763/1890, do Governo Provisório, ordenou a aplicação do Regulamento n. 737 às causas civis, restabelecendo, com isso, a antiga unidade processual. A contar daí, operou-se uma cisão na doutrina e na própria jurisprudência do período, sustentando uma das correntes que a ação rescisória continuou a ser regida pelas Ordenações Filipinas, articulada com o Regulamento n. 737, mesmo quando o Distrito Federal organizou a sua justiça e os Estados-Membros não previram o regime dessa ação; outra, que o Decreto n. 763 revogou, nesses aspectos, as mencionadas Ordenações reinícolas. Essa última era a opinião da Corte de Apelação do Distrito Federal e representou, segundo Pontes de Miranda, "a verdadeira interpretação dos textos constitucionais em matéria relativa no Estado Federal"(17).

### 3.3. A legislação antecedente ao CPC de 1939

O direito português, do século XII em diante, apresenta a preocupação de prestigiar, de fortalecer as sentenças, evitando o desfazimento delas; com-

---

(16) Ob. cit., p. 107.
(17) Ob. cit., p. 108.

preende-se, por isso, o fato de a ação de nulidade vir a ser, em Portugal, gradualmente restringida. Lei de 1832, aliás, limitou o uso dessa ação aos casos de suborno, peita, peculato ou concussão dos juízes, conquanto a Lei de 19 de dezembro de 1843 tenha ampliado o raio de incidência da ação de nulidade. Dispunha o art. 17 dessa norma legal que a ação de nulidade e rescisória seria cabível (além dos casos especificados no art. 5º do Decreto de 18 de maio de 1832):

a) quando se houvesse proferido o julgamento com base em um ou mais documentos, posteriormente declarados falsos, e cuja falsidade não tivesse sido pronunciada na causa em que foi emitida a sentença rescindenda;

b) quando sobreviessem um ou mais documentos novos, que eliminassem a prova em que se lastreou o julgamento anterior, "sem que sejam coadjuvados por prova testemunhal e que a parte interessada não pudesse ter ao tempo em que se proferiu a sentença rescindenda";

c) quando o réu, condenado à revelia, provasse falta ou nulidade da citação, em se tratando daquelas sentenças que eram executadas sem prévia citação do executado, não cabendo, entretanto, esta ação e sim o meio previsto no art. 617 do Nov. Ref. Jud., se já feita a citação para a execução;

d) quando o executado provasse falta ou nulidade de citação para a execução que se findou à sua revelia a fim de se anular essa mesma execução.

Nota-se, pois, que a legislação processual da época vetava (ou, pelo menos, não admitia expressamente) o manejo da ação de nulidade da sentença que tivesse por objeto: 1. nulidades processuais; 2. ofensa à literal disposição de lei; 3. incompetência do juízo; 4. ofensa à coisa julgada. Permitia, contudo, a referida Lei, que tais matérias fossem alegadas em grau de recurso de revista, em prazo nunca excedente a dez dias.

Um tal sistema não foi profundamente alterado pela reforma de 1926.

O CPC português de 1939 conservou o recurso de revista e trouxe, para o lugar da ação de nulidade da sentença, o recurso de revisão, que era interponível no prazo de trinta dias.

No Brasil, conforme atestam os registros históricos, não se desenvolveu com a mesma intensidade ocorrida em Portugal, o espírito de prestigiamento e de conservação dos pronunciamentos jurisdicionais. Já na fase de discussão do anteprojeto de Código Civil, Rui Barbosa ofereceu (1913) emenda ao Senado, fixando em cinco anos o prazo para o exercício da ação rescisória. A citada emenda, após receber parecer favorável, acabou por converter-se no inc. III, § 10, do art. 178 do Código Civil e 1916.

Atualmente, esse prazo é de dois anos, por força do art. 975, do CPC, de 2015.

Antes do advento do CPC brasileiro de 1973, a ação rescisória aqui existente possuía traço meramente declaratório, sendo importante realçar que, nessa quadra do desenvolvimento de nosso direito, a nulidade da sentença correspondia à sua inexistência, à semelhança do que se passava em Roma, no período formulário. O efeito prático dessa particularidade residia no fato de que a parte vencida pela sentença nula poderia negar-se a cumpri-la. Oportuno, nesse instante, o magistério de Lobão, para quem os vencidos poderiam oferecer

> "todos os embargos de nulidade, assim como que a sentença foi dada contra parte não citada ou que foi dada contra sentença ou que foi dada por peita ou preço que o juiz houve ou por falsa prova ou por juiz incompetente em parte ou em todo, ou sobre bens de raiz sem procuração ou citação da mulher ou com falso procurador ou outros semelhantes, porque se conclui, segundo Direito, a sentença ser nula"[(18)].

Em suma, considerando-se nula a sentença, nas situações mencionadas, a atitude que deveria o réu vencido adotar era a de recusar-se a cumprir a obrigação que dava conteúdo à execução, opondo embargos a esta. Quanto ao autor, poderia ajuizar outra vez a ação e rebater a exceção de coisa julgada, que viesse a ser apresentada pela parte adversa. A possibilidade de o réu obter a anulação da sentença exequenda por ocasião de seus embargos estava prevista na legislação dos Estados-Membros; o próprio Regulamento n. 737 a continha, como demonstra o seu art. 681. Estava também no § 1º, do art. 577, desse Regulamento: "São admissíveis na execução com suspensão dela, e propostos conjuntamente, nos seis dias seguintes à penhora, os embargos: § 1º de nulidade do processo e sentença com prova constante dos autos, ou oferecida incontinenti".

Contrariando a tradição legislativa daqueles tempos, o Código do Distrito Federal só admitia a anulação da sentença em um único caso.

### 3.4. O CPC de 1939

A Constituição Federal de 1891 atribuíra aos Estados-Membros competência para legislar sobre direito processual (arts. 34, n. 23 e 65, n. 2); daí a existência de uma multiplicidade de diplomas processuais em nosso país, no início da vida republicana, códigos que, em sua maioria, foram elaborados sob influência do Regulamento n. 737, de 1850. O Texto Constitucional de 1934, entrementes, restabeleceu a unidade processual, ao cometer à União competência exclusiva para legislar a respeito da matéria. Essa Constituição dispunha, no art. 11, das Disposições Transitórias, que incumbiria ao Governo Federal — logo que promulgada aquela Carta Suprema — nomear uma comissão, composta por três juristas, destinada a escrever um projeto de Código de Processo Civil (e comercial). Esse

---

(18) *Tractado encyclopedico, pratico, critico, sobre as execuções, que se procedem por sentenças*. Lisboa, 1855. p. 178.

objetivo não pôde ser alcançado, porquanto a Constituição de 1934 foi revogada pela Carta Outorgada de 1937; é verdade que esta manteve o propósito de reunificar a legislação processual de nosso país. Dentre os diversos projetos concebidos para atender a essa finalidade, foi escolhido o elaborado por Pedro Batista Martins, que se converteu no primeiro Código de Processo Nacional unitário produzido pelo gênio brasileiro (Dec.-lei n. 1.608, de 18 de setembro de 1939).

À ação rescisória foi dedicado o Título III do Livro VI ("Dos processos da competência originária dos tribunais"), sendo disciplinada pelos arts. 798 a 801.

Ensejavam rescisão as sentenças proferidas: a) por juiz peitado, impedido ou incompetente *ratione materiae*; b) com ofensa à coisa julgada; c) contra literal disposição de lei, e também aquelas; d) cujo principal fundamento fosse prova declarada falsa em juízo criminal, ou "inequivocamente apurada na própria ação rescisória" (art. 798).

Permitia-se, ainda, a rescisão de sentença emitida em outra ação rescisória, quando se verificasse qualquer das hipóteses estampadas no n. I, letras a (juiz peitado, impedido ou incompetente em razão da matéria) e b (com ofensa à *res iudicata*), ou no inc. II (falsa prova), todos do art. 798 (art. 799).

Declarava-se, aí, que a injustiça da sentença e a má apreciação da prova, assim como a errônea interpretação do contrato, não autorizavam o exercício da ação rescisória (art. 800, *caput*) e esclarecia-se que os atos judiciais que não dependessem de sentença, ou em que estas fossem meramente declaratórias, poderiam ser "rescindidos" como os atos jurídicos em geral, nos termos da lei civil (parágrafo único).

Como características do procedimento pertinente à ação rescisória, no regime do CPC de 1939, podem ser indicadas as seguintes:

a) se a petição inicial se revestisse dos requisitos dos arts. 158 e 159, o relator determinaria a citação do réu, por intermédio da Secretaria do Tribunal, por qualquer das formas previstas naquele Código;

b) citado, o réu, no prazo assinado pelo relator, deveria oferecer contestação na Secretaria do Tribunal;

c) caso os fatos em que se fundasse a peça inaugural, ou a contestação, dependessem de prova testemunhal ou de exames periciais, o relator delegaria competência para dirigir a coleta das provas ao juiz de direito do termo ou comarca em que residissem as testemunhas ou na qual se encontrasse a coisa, objeto do exame, devendo os autos (e não o "processo", sic, como estava no texto) ser devolvidos no prazo estipulado, exceto se isso não fosse possível em virtude de força maior;

d) após serem devolvidos, os autos permaneciam na Secretaria durante dez dias, para a apresentação de razões; esgotado o prazo, eram conclusos ao relator e ao revisor, respectivamente, para estudo e designação de data para julgamento, observado o disposto no art. 783 e seus parágrafos (art. 80, §§ 1º a 4º).

### 3.5. O CPC de 1973

Em 1º de janeiro de 1974, entra em vigor um novo Código de Processo Civil, instituído pela Lei n. 5.869, de 11 de janeiro de 1973. Nesse texto, a ação rescisória vem inserida no Capítulo IV, Título IX ("Do Processo nos Tribunais", do Livro I "Do Processo de Conhecimento"), sendo regulada pelos arts. 485 a 495.

De modo geral, são estes os principais traços de rescisória prevista no diploma processual civil de 1973:

a) somente a sentença (ou acórdão) de mérito é rescindível (art. 485);

b) a rescindibilidade será possível quando a sentença: 1. for dada por prevaricação, concussão ou corrupção do juiz; 2. for proferida por juiz impedido ou absolutamente incompetente; 3. resultar de dolo da parte vencedora em detrimento da vencida, ou de colusão entre as partes, a fim de fraudar a lei; 4. ofender a coisa julgada; 5. violar literal disposição de lei; 6. basear-se em prova, cuja falsidade tenha sido apurada em processo criminal ou seja provada na própria ação rescisória; 7. quando, depois da sentença, o autor obtiver documento novo, cuja existência ignorava, ou de que não pôde fazer uso, capaz por si só, de lhe assegurar pronunciamento favorável; 8. quando houver fundamento para invalidar confissão, desistência ou transação, em que se baseou a sentença; 9. fundada em erro de fato, decorrente de atos ou de documentos da causa (art. 485, I a IX).

Elucida o Código que haverá erro de fato quando a decisão rescindenda admitir um fato inexistente, ou considerar inexistente um fato efetivamente ocorrido (*ibidem*, § 1º), advertido, ainda, ser indispensável, num como noutro caso, que não tenha havido controvérsia nem pronunciamento judicial sobre o fato (*ibidem*, § 2º);

c) os atos judiciais, que não dependem de sentença, ou em que esta for meramente homologatória, podem ser "rescindidos" (*sic*), como os atos jurídicos em geral, nos termos da lei civil (art. 486);

d) foram legitimados para ajuizar a ação rescisória: 1. quem foi parte no processo ou o seu sucessor a título universal ou singular; 2. o terceiro, desde que possua interesse jurídico; 3. o Ministério Público, se não foi ouvido no processo, em que lhe era obrigatória a intervenção, ou quando a sentença decorrer de colusão das partes, com o objetivo de fraudar a lei (art. 487);

e) a petição inicial deverá atender aos requisitos relacionados no art. 282 do Código, cabendo ao autor: 1. cumular ao pedido de rescisão (se for o caso) o de novo julgamento da causa; 2. depositar quantia equivalente a 5% do valor da causa, a título de multa, na hipótese de a ação vir a ser, por unanimidade de votos, declarada inadmissível ou "improcedente" (art. 488, I e II), nada obstante seja inaplicável à União, ao Estado-Membro, ao Município e ao Ministério Público o estatuído no item 2, retro (*ibidem*, parágrafo único);

f) não possui eficácia para suspender a execução da sentença rescindenda (art. 489);

g) a peça inaugural será indeferida: 1. nos casos mencionados no art. 295; 2. quando não for feito o depósito de que fala o art. 488, II (art. 490);

h) caberá ao relator mandar citar o réu, fixando-lhe prazo nunca inferior a quinze dias nem superior a trinta dias para responder aos termos da ação (art. 491). Exaurido o prazo, com ou sem resposta, será observado, no que couber, o procedimento estabelecido no Livro I, Título VIII, Capítulos IV e V (*ibidem*);

i) caso os fatos alegados pelos litigantes dependam de prova, o relator delegará a competência ao juiz de direito da comarca onde deva ser produzida, fixando o prazo de quarenta e cinco a noventa dias para a devolução dos autos (art. 492);

j) finda a instrução, abrir-se-á vista, sucessivamente, ao autor e ao réu, pelo prazo de dez dias, para razões finais. Em seguida, os autos serão encaminhados ao relator, procedendo-se ao julgamento (art. 493);

l) julgando "procedente" (sic) a ação, o tribunal rescindirá a sentença, proferirá, se for o caso, nova decisão e ordenará a restituição do depósito; declarando inadmissível ou "improcedente" (*sic*) a rescisória, a quantia depositada reverterá a favor do réu, sem prejuízo da condenação do autor ao pagamento de honorários advocatícios e de outras despesas processuais (art. 494);

m) é de dois anos o prazo para o exercício do direito de aforar a rescisória, contado do trânsito em julgado da decisão (art. 495).

Estabelecendo-se um cotejo entre os álbuns processuais civis de 1939 e 1973, extraímos as conclusões que se seguem, acerca deste último:

a) a rescindibilidade foi restringida às sentenças (e acórdãos) de mérito;

b) a "peita" do juiz, referida no Código de 1939, cedeu lugar à prevaricação, à concussão e à corrupção, em linguagem mais adequada à técnica e à própria ciência jurídica;

c) os casos de impedimento e incompetência absoluta foram separados do de "peita" e tratados em inciso comum. A incompetência não está restrita à matéria. Comete o Código de 1973, todavia, o deslize de aludir à incompetência do juiz, quando se sabe que essa falta de pressuposto processual se liga ao juízo;

d) foram introduzidos, como casos de rescindibilidade: 1. a existência de dolo da parte vencedora, em prejuízo da vencida e a colusão entre ambas com a finalidade de fraudar a lei; 2. a obtenção de documento novo, capaz de, por si só, alterar, em favor do vencido, o resultado da prestação jurisdicional; 3. o fundamento para invalidar confissão, desistência ou transação, em que se apoiou a sentença rescindenda; 4. a existência de erro de fato, proveniente de atos ou de documentos da causa;

e) indicam-se as pessoas que se encontram legitimadas para ajuizar a ação;

f) esclarece-se que a rescisória não suspende a execução da sentença rescindenda;

g) apontam-se os casos que ensejam o indeferimento da petição inicial;

h) fixa-se prazo (embora variável para que o réu ofereça a sua resposta);

i) explicita-se o procedimento a ser observado pelo tribunal, nas hipóteses de julgar "procedente" ou "improcedente" a ação;

j) declara-se o prazo em que se extingue o direito de ingressar com a rescisória (2 anos).

De outra parte, percebe-se que o CPC de 1973, ao contrário do de 1939: a) não informa se admite rescisória de rescisória; b) não diz que a injustiça da sentença e a má apreciação da prova ou errônea interpretação do contrato não autorizam o exercício da ação rescisória.

Não está em nosso propósito expender, neste Capítulo, comentários acerca das inovações trazidas pelo CPC em vigor, se foram boas ou más, assim como sobre as omissões deste texto processual, em relação ao anterior. Considerações dessa ordem constituirão objeto de outros Capítulos. Por ora, empenhamo-nos em realizar uma comparação, de caráter objetivo, entre ambos os digestos processuais, no que toca à disciplina que impuseram à ação rescisória.

### 3.6. O CPC de 2015

O CPC de 2015 trouxe consideráveis alterações em relação ao de 1973, inclusive, no capítulo da ação rescisória. A mais expressiva dessas alterações consistiu na substituição da expressão: "violar literal disposição de lei", constante do art. 485, V, do CPC de 1973, por "violar manifestamente **norma jurídica**" (art. 966, V; destacamos), ao mencionar as causas de rescindibilidade dos pronunciamentos jurisdicionais. É evidente que a expressão **norma**

**jurídica** possui conceito muito mais amplo do que o de **lei**. Compreendem-se naquela não apenas a própria norma legal, como as portarias, as resoluções, os regulamentos, as instruções e – se considerarmos o disposto no art. 4º, da Lei de Introdução às Normas do Direito Brasileiro – a analogia, os costumes e os princípios gerais de direito.

Essas modificações, como salientamos, não se circunscreveram aos sítios da ação rescisória, apresentando, isso sim, um espectro bem mais abrangente. Mencionemos alguns desses casos, que possam interessar ao tema da ação rescisória:

a. Declara-se que, nos casos de litisconsórcio passivo necessário, o processo somente será extinto se o autor deixar de promover, dentro do prazo assinado pelo juiz, a citação de todos aqueles que devam figurar como litisconsortes (art. 115, parágrafo único);

b. Faculta-se ao advogado proceder à intimação do advogado da parte contrária pelo correio, com aviso de recebimento (art. 269, § 1º);

c. As ações cautelares e a antecipação dos efeitos da tutela foram substituídas pelas tutelas provisórias (arts. 294 a 311);

d. A petição inicial não será indeferida se o atendimento ao disposto no inciso II, do art. 319 – obtenção das informações ali mencionadas – tornar impossível ou excessivamente oneroso o acesso à justiça (art. 319, § 3º);

e. Nas causas que dispensem a fase instrutória, o juiz, independentemente da citação do réu, poderá rejeitar, desde logo, o pedido que contrariar os pronunciamentos jurisdicionais especificados nos incisos I a III, do art. 332;

f. As exceções foram eliminadas. A incompetência relativa passou a constituir preliminar da contestação (art. 64, *caput*) e a suspeição e o impedimento devem ser objeto de petição específica (art. 146, *caput*);

g. Cumpre ao advogado efetuar a intimação, mediante carta com aviso de recebimento, das testemunhas por ele arroladas (art. 455), sob pena de a sua inércia implicar desistência da inquirição (*Idem*, § 3º);

h. Determinou-se que o relator somente poderá considerar um recurso inadmissível se o recorrente não sanar o vício ou complementar a documentação exigível, no prazo de cinco dias (art. 932, parágrafo único);

i. Determinou-se que o relator, antes de considerar um recurso deserto, deverá conceder prazo de cinco dias para o recorrente complementar o valor do preparo ou comprovar a sua realização (art. 1007, §§ 2º e 4º);

j. Disciplinou-se o incidente de assunção de competência (art. 947);

k. Incorporou-se a figura da Reclamação (arts. 988 a 993);

l. Eliminou-se a confissão, a desistência e a transação como causa para a rescisão das decisões judiciais (art. 966).

Foram múltiplas, enfim, as alterações realizadas pelo CPC de 2015, em cotejo com o Código de 1973. Ao longo deste livro, provavelmente, iremos apontar mais algumas delas.

## 4. A ação rescisória na Justiça do Trabalho

### 4.1. Período anterior à CLT

Antes de ingressarmos no exame da legislação processual existente antes do advento da CLT, convém dedicarmos alguns escólios a respeito do surgimento da própria Justiça do Trabalho.

Os primeiros bosquejos voltados à instituição de uma Justiça especializada na solução dos conflitos de interesses entre empregados e empregadores podem ser identificados nos Conselhos Permanentes de Conciliação e Arbitragem, criados pelo Decreto Legislativo n. 1637, de 5 de janeiro de 1907, muito embora ficassem restritos à apreciação das lides oriundas do meio rural. Em 1911 foi instituído, em São Paulo, o Patronato Agrícola, com o escopo de solver os litígios entre proprietários rurais e camponeses.

No ano de 1922, provavelmente por influência das Constituições Mexicana, de 1917, e de Weimar, de 1919, criam-se em São Paulo, no governo de Washington Luís, os Tribunais Rurais (Lei n. 1869, de 10 de outubro, regulamentada pelo Decreto n. 3548, de 12 de dezembro do mesmo ano), dotados de competência para apreciar controvérsias oriundas da interpretação e execução dos contratos de locação de serviços agrícolas. A sua composição era paritária, pois desses órgãos participavam, além do Juiz de Direito, que os presidia, um representante dos camponeses e outro dos proprietários rurais ("patrões"). Caracterizavam-se os Tribunais Rurais pela adoção de um procedimento sumário, no qual eram ouvidas as partes, procedia-se à coleta de provas e proferia-se a sentença, tudo no mesmo ato. Vale chamar a atenção ao fato de que a decisão cabia aos representantes classistas, intervindo o magistrado, apenas, no caso de divergência entre aqueles. O procedimento era, como se nota, semelhante ao traçado pelo art. 850, da CLT. A própria composição paritária desses órgãos e o método de coleta dos votos de seus integrantes parecem constituir o elemento genealógico das Juntas de Conciliação e Julgamento, originalmente instituídas pela CLT e, mais tarde, substituídas pelas Varas do Trabalho. Esses Tribunais não atingiram, contudo, na prática, os resultados desejados.

Em 1932, o Decreto n. 21.396, de 12 de maio, institui as Comissões Mistas de Conciliação, às quais se atribui competência para julgar os conflitos coletivos de trabalho. No mesmo ano surgem, pelo Decreto n. 22.132, de 25 de novembro, as Juntas de Conciliação e Julgamento, destinadas a dirimir os conflitos individuais, que haviam ficado à margem do Decreto n. 21.396/1932. Eram características dessas Juntas: a) a reunião de seus membros apenas a requerimento de uma das partes; b) a competência ficava circunscrita àqueles conflitos envolvendo trabalhadores sindicalizados (e que eram muito poucos, na época); c) sua natureza era eminentemente administrativa, e não jurisdicional, bastando argumentar com a figura da avocatória, segundo a qual se facultava ao Ministro do Trabalho rever a sentença proferida pelo órgão, no prazo de 90 dias, a pedido do interessado, sempre que este demonstrasse ter havido "flagrante parcialidade dos julgadores". Além disso, as Comissões mistas possuíam competência meramente conciliatória, pois a decisão definitiva incumbia, vez mais, ao Ministro do Trabalho, mediante laudo arbitral, conforme estabelecia o precitado Decreto n. 21.396/1932; d) as decisões das Juntas eram cumpridas pelos juízes federais.

A 2 de maio de 1939, criava-se, via Dec.-lei n. 1237, a Justiça do Trabalho, nos moldes em que hoje se apresenta; o referido Dec.-lei foi modificado pelo Dec.-lei n. 2851, de 10 de dezembro do mesmo ano, sendo regulamentado, dois dias depois, pelo Decreto n. 6.996. Finalmente, a 1º de maio de 1941 era instalada a Justiça do Trabalho, durante o governo de Getúlio Vargas, em solenidade realizada no estádio do Clube de Regatas Vasco da Gama, no Rio de Janeiro, para onde acorreram milhares de trabalhadores, especialmente convocados — em atitude aparatosa, aliás, muito ao gosto daqueles tempos.

Somente no texto da Constituição de 1946, porém, veio a Justiça do Trabalho a ser integrada, como órgão, ao Poder Judiciário (art. 94, V).

Retornemos ao objetivo medular deste Capítulo.

Anteriormente à CLT, a legislação processual nada dispunha acerca da ação rescisória no âmbito da Justiça do Trabalho. O que tínhamos — até certa parte desse período — era uma disciplina heterogênea e algo caótica da rescisória, derivante da competência atribuída pela Constituição de 1891 aos Estados-Membros para legislarem sobre direito processual. A Norma Constitucional de 1934 restabeleceu a unidade processual, ao outorgar à União competência privativa para legislar sobre o assunto (art. 5º, XIX, a), privatividade que foi preservada pelas Constituições posteriores, inclusive, a de 1988 (art. 22, I).

### 4.2. O advento da CLT

A 10 de novembro de 1943 entra em vigor a Consolidação das Leis do Trabalho, aprovada pelo Dec.-lei n. 5.452, de 1º de maio do mesmo ano (art. 911).

Esse texto, em sua redação primitiva, não fazia nenhuma referência à ação rescisória; o art. 836, em rigor, a repelia implicitamente, ao estatuir que era vedado aos órgãos da Justiça do Trabalho "conhecer de questões já decididas", excetuados os casos previstos no Título X. A despeito disso, a doutrina e a jurisprudência do período hesitavam em firmar uma opinião sobre o assunto. Visando a dar cobro a essa indefinição e à própria cizânia existente, o Colendo STF edita a Súmula n. 338, para declarar não ser admissível a ação rescisória no plano da Justiça do Trabalho, entendimento que foi perfilhado pelo TST, mediante o Prejulgado n. 10, baixado com fundamento no art. 902 e parágrafos, da CLT, e mais tarde, revogado pela Lei n. 7033, de 5 de outubro de 1982 (DOU de 6 do mesmo mês).

É razoável supor que a Súmula n. 338, do STF, e o Prejulgado n. 10, do TST, ao rechaçarem o manejo da ação rescisória na Justiça do Trabalho, colocaram à frente, como argumento, o fato de que dita ação trazia o inconveniente de reativar conflitos subjetivos de interesses, já sepultados pela autoridade da coisa julgada, provocando, com isso, grave abalo na estabilidade das relações sociais.

Sustentava, por outro lado, essa corrente de pensamento, que o art. 769, da CLT, não autorizava a incidência, no processo do trabalho, da ação rescisória disciplinada pelos arts. 798 a 801, do CPC, de 1939 (então em vigor), pois o art. 836 do texto trabalhista demonstrava inexistir omissão deste a respeito da matéria. De qualquer modo, a rescisória seria inconciliável com os princípios e com os objetivos que informam o processo do trabalho.

Essas razões, entretanto, após um predomínio de, mais ou menos, duas décadas, acabariam por ser expugnadas. O Prejulgado n. 16, do TST, de junho de 1966, revogando o de n. 10, proclamou ser "cabível a ação rescisória no âmbito da Justiça do Trabalho"; esse Prejulgado converteu-se na Súmula n. 144, ex vi da Lei n. 7033/1982, que veio a ser cancelada pela Resolução Administrativa n. 121, de 28-10-2003, do Pleno do TST.

Consagrando, em definitivo, a nova linha de opinião, o Dec.-lei n. 229, de 28 de fevereiro de 1967, reformulou a redação do art. 836, da CLT, para, mantendo o princípio nele inscrito, ressalvar o cabimento da ação rescisória, "que será admitida, no prazo de dois anos, nos termos dos arts. 798 a 800 do CPC". Nesse momento, a rescisória foi introduzida, pela primeira vez, na legislação processual trabalhista, particularidade que atribui ao fato uma importância de ordem histórica, independente de investigar-se quanto ao acerto ou ao desacerto da inovação.

Em todo o caso, manifestemos nossa opinião a respeito disso.

Se é certo que não se pode dizer que o processo do trabalho estava a clamar pela ação rescisória, não menos exato é que esta não é incompatível com aquele, como se chegou a afirmar, com alguma irreflexão[19].

---

(19) Em voto proferido no TST, em 1949, o Min. Edgard de Souza Lima afirmou: "Existe, em verdade, incompatibilidade entre o direito processual trabalhista e o direito processual comum. O

Sem embargo, o argumento de que a rescisória, ao reacender conflitos de interesses já cobertos pela pátina da coisa julgada, traria o grave inconveniente de instabilizar as relações sociais, peca, à evidência, pelo excesso, pela perda do senso das proporções. Esse argumento teria alguma razoabilidade se o uso da rescisória viesse a ser de tal maneira intenso que pudesse, efetivamente, molestar a estabilidade social. A prática está a demonstrar, no entanto, que o manejo dessa ação tem sido moderado, motivo por que fica sem apoio na realidade do cotidiano judiciário a corrente de pensamento de que divergimos. Afinal, nosso País não é povoado por indivíduos que façam da litigiosidade permanente a sua razão de ser e o seu ideal de vida.

Nem se ponha de parte a circunstância de que, em última análise, uma sentença eivada de certos vícios, que lhe retiram a autoridade moral, pode causar à paz social males maiores do que os eventualmente provocados pelo uso adequado da ação rescisória; esta, aliás, em situações como a cogitada, contribui de maneira significativa para a estabilidade das relações sociais ao proscrever do mundo jurídico sentenças que abriguem agressão à lei; decorram de parcialidade do julgador; estampem ofensa à coisa julgada etc. Repugnaria à consciência jurídica e ao senso de justiça que sentenças contendo tais máculas não pudessem ser desfeitas.

A admissibilidade da ação rescisória, na Justiça do Trabalho, se justifica, acima de tudo, pela necessidade imperiosa de reabilitar-se a verdade, de fazer-se prevalecer o império da lei e, em sentido mais amplo, de preservar-se o prestígio do ordenamento jurídico, ainda que, para isso, tenham de ser ressuscitados antigos conflitos subjetivos de interesses. Nem mesmo os singulares princípios que informam o direito processual do trabalho podem sobrepor-se, e.g., à necessidade de rescindir-se determinada sentença proferida em violação à norma legal ou à coisa julgada (garantias constitucionais); emitida por juiz impedido ou por juízo absolutamente incompetente; oriunda de prevaricação, concussão ou corrupção do julgador e o mais. A *res iudicata* não pode ser convertida numa espécie de refúgio inexpugnável de atos capazes de provocar sérios abalos em nossas estruturas normativas, ou na própria respeitabilidade das decisões judiciais. Como ponderou Pimenta Bueno, com extraordinária sensibilidade: "É sem dúvida de mister consagrar a autoridade da coisa julgada, mas não é menos essencial consagrar o império da verdade e da justiça, quando se patenteia tal que não se pode dele duvidar. Nas ciências morais poucas vezes é permitido levar as

---

processo trabalhista obedece a princípios essenciais e diferenciais que muito o distinguem do processo comum. São princípios adequados a um contencioso em que, entre outros objetivos, o efeito da sentença transitada em julgado tem de ser definitiva. O direito do trabalho é um direito singular, um direito especial, que contém normas e princípios distintos dos que informam o direito comum. Não pode ele sofrer influências do direito geral. Ao contrário, derroga-o (lex especialis derogat generali)" (Ac. 3.184/1949, in: Legislação do Trabalho, n. 175, p. 470)

disposições humanas ao absoluto, sem que se cometam algumas e graves injustiças: convém evitá-las"[20].

Se o acolhimento da rescisória, pelo processo do trabalho, não deve ser saudado com júbilo, com euforia extrema, há de ser, quando menos, serenamente reconhecido como uma providência destinada a prover esse processo de um instituto apto a fazer com que certos valores humanos, jurídicos e institucionais não venham a ser tripudiados pela autoridade, ocasionalmente perversa, da coisa julgada material. Ainda a lição de Pimenta Bueno: "Sustentar indistintamente a coisa julgada, ainda mesmo quando fosse claramente reconhecido que ela era filha formal do erro, ou, o que seria ainda pior, de uma criminosa fraude ou prevaricação, seria afrontar todos os princípios da razão, e da justiça eterna, e sacrificar a verdade palpitante à sutileza das fórmulas, sacrificar o fim aos meios; seria inverter a razão do estabelecimento dos tribunais de justiça e das normas tutelares do processo"[21].

Ao tempo do Dec.-lei n. 229/1967 estava em vigor o CPC de 1939, daí a razão de aquela norma legal haver feito expressa remissão aos arts. 798 a 800 deste estatuto processual.

Com o advento do CPC de 1973, contudo, logo se estabeleceu acirrada polêmica nos domínios da doutrina e da jurisprudência, sustentando, uns, que a despeito disso as causas de rescindibilidade dos julgados trabalhistas continuariam a ser as previstas no art. 798, do CPC, de 1939, em virtude da menção integrativa feita a esse Código pelo art. 836, da CLT, com a redação que lhe dera o citado Dec.-lei n. 229/1967; outros, que, entrando a viger um novo diploma processual civil, não fazia sentido pensar-se que a referência do art. 836 da CLT continuaria a ser feita em relação ao código revogado.

Em torno desse tema, muitas cizânias e algumas cincadas se registraram.

Colimando a dar fim a essa disputa, o TST adota o Prejulgado n. 49 (convertido, depois, na Súmula n. 169), assim enunciado: "Nas ações rescisórias ajuizadas na Justiça do Trabalho e que só serão admitidas nas hipóteses dos arts. 798 a 800 do Código de Processo Civil de 1939, desnecessário o depósito a que aludem os arts. 488, II e 494, do Código de Processo Civil de 1973" (destacamos).

Não foi feliz, venia concessa, o TST ao perfilhar a corrente "integracionista" (o art. 836, da CLT, estaria a fazer menção integrativa aos arts. 798 a 800, do CPC, de 1939), segundo procuramos demonstrar em outro livro[22]. Não bastasse essa orientação da mais alta Corte de Justiça Trabalhista do País implicar

---

(20) *Apontamentos sobre as formalidades do processo civil.* 3. ed., p. 256.
(21) Ob. cit., p. 251.
(22) *Comentários às súmulas processuais do TST.* São Paulo: LTr, 1981. p. 180/181.

perigoso desvencilhar-se de certos princípios gerais de direito consagrados em nosso sistema jurídico, ela encambulhava, confusamente, normas processuais, em prejuízo da harmonia do instituto; com efeito, a predominar o entendimento esposado pelo, então, Prejulgado n. 49 teríamos três textos legais a disciplinar a ação rescisória na Justiça do Trabalho: a) o art. 836, da CLT, que admitia o seu cabimento; b) os arts. 798 a 800, do CPC de 1939, que previam as causas de rescindibilidade dos julgados; c) os arts. 488 a 494, do CPC, de 1973, que regulavam o procedimento.

Eliminando a anomalia que estava a comprometer a disciplina da ação rescisória na Justiça do Trabalho, a Lei n. 7.351, de 27 de agosto de 1985 (DOU de 28 do mesmo mês), impôs nova redação ao art. 836 da CLT, que passou a ser a seguinte: "É vedado aos órgãos da Justiça do Trabalho conhecer de questões já decididas, excetuados os casos expressamente previstos neste Título e a ação rescisória, que será admitida na forma do disposto no Capítulo IV do Título IX da Lei n. 5.869, de 11 de janeiro de 1973 — Código de Processo Civil, dispensado o depósito referido nos arts. 488, inc. II, e 494 daquele diploma legal" (destacamos).

No Capítulo IV, do Título IX (Livro I), do CPC de 1973, mencionado pelo art. 836, da CLT, situava-se o art. 485, que relacionava os casos de rescindibilidade dos julgados (incs. I a IX).

Ulteriormente, a Medida Provisória n. 2180-35, de 24 de agosto de 2001 (DOU de 27 do mesmo mês) acrescenta o seguinte parágrafo único ao art. 836, da CLT: "A execução da decisão proferida em ação rescisória far-se-á nos próprios autos da ação que lhe deu origem, e será instruída com o acórdão da rescisória e a respectiva certidão de trânsito em julgado".

Em livro anterior, dissemos: "Com a Lei n. 7.351/85 e com a Medida Provisória n. 2.180-35/2001, encerra-se, por ora, o ciclo histórico da ação rescisória na Justiça do Trabalho — mas não a necessidade de uma adequada regulamentação legislativa da disciplina, assim entendida a que atenda às marcantes peculiaridades do processo do trabalho. À guisa de sugestão, apontemos a redução, para um ano, do prazo para o exercício dessa ação; a elevação do depósito para algo em torno de 20% ou de 30% do valor da causa e sua exigibilidade apenas quanto ao empregador". (*Comentários..., ibidem*).

Pois bem, a Lei n. 11.495, de 22 de junho de 2007 (DOU de 25 do mesmo mês e ano), deu nova redação ao art. 836, *caput,* da CLT, para determinar a realização do depósito prévio de 20% do valor da causa, como requisito para o exercício da ação rescisória. Conquanto tenhamos sugerido, anteriormente, a elevação do valor de 5%, previsto no art. 488, II, do CPC, de 1973, não podemos deixar de manifestar sobressalto diante do fato de o legislador trabalhista, num primeiro momento, haver dispensado a realização de qualquer depósito, para efeito de ajuizamento de ação rescisória – sob o pressuposto de que esse depósito seria incompatível com o processo do trabalho – e, tempos depois, instituir um depósito que corresponde a quatro vezes o valor do exigido pelo CPC! Qual seria o raciocínio lógico capaz de justificar o fato de cinco por cento serem incompatíveis com o processo do trabalho, mas, vinte por cento, não?! Talvez, não seja a Lógica que deva explicar esse fenômeno, e, sim, a conveniência...

# CAPÍTULO II

# NATUREZA JURÍDICA

## 1. Comentário

Poderia parecer a alguns críticos, que estamos a ocupar-nos com questões de nonada ao dedicarmos um capítulo ao estudo da natureza jurídica da rescisória. Dir-se-ia, por suposto, que nossa prospecção, nesse terreno, é destituída de interesse prático porquanto a própria lei classifica a rescisória como ação.

Uma tal objeção, contudo, cometeria a imprudência de imaginar que as manifestações legislativas constituem mera obra do acaso, como se não fossem — como em regra o são — decorrentes das influências que a doutrina sói exercer no legislador. Além disso, sendo certo que a norma legal, no mais das vezes, é menos científica do que a doutrina, não são raros os casos em que ela perpetra faltas contra a ciência processual.

Uma investigação acerca da natureza jurídica da rescisória se justifica, pois, quando menos, como escrúpulo doutrinário tendente a verificar se a lei andou certa ao considerá-la como ação.

No passado, alguns autores de nomeada se sentiram seguros para afirmar que a rescisória traduzia modalidade de recurso de natureza especial; dentre eles, Lopes da Costa, Cândido de Oliveira Filho, Costa Carvalho, Filadelfo Azevedo Pereira Braga. Já em 1916, entrementes (muitos anos, portanto, antes de entrar em vigor o primeiro Código de Processo Civil unitário, do País), Manoel Inácio Carvalho de Mendonça, com o peso de sua autoridade, advertia não haver "cousa mais frequente do que ouvir repetir que a rescisão dos julgados é um recurso. Nada entretanto é mais absurdo, uma vez que às verba juris, à técnica rigorosa, queiramos dar seu verdadeiro e legítimo sentido"(*Da Ação Rescisória*, 2ª ed., n. 12, págs. 328/332), concluindo ser essencial que "não se vulgarize a errada equiparação da ação rescisória com o recurso, que pode caber das sentenças e julgados. Como noção, é isto um erro gravíssimo; como simples imagem, é vulgar e indigna dos cultores do direito[(23)].

O máximo que se pode transigir, no tema em exame, é que a rescisória possua "alma" de recurso (Liebman), embora o seu corpo seja, fundamentalmente, de ação.

---

(23) *Idem, ibidem.*

Com efeito, a corrente de opinião que via nessa ação uma espécie de recurso especial fechava os olhos à particularidade de que a rescisória instaura uma nova relação processual, ao passo que a pretensão recursal, em regra, é exercida na mesma relação processual que deu origem à sentença impugnada por esse meio. Assim o é porque enquanto a rescisória tem como finalidade desconstituir a coisa julgada, o recurso só é admissível dos pronunciamentos jurisdicionais que ainda não se submeteram ao fenômeno da *res iudicata*. De outra parte, a norma processual relaciona, exaustivamente, os casos de rescindibilidade dos julgados, sendo que, no plano dos recursos, apenas em caráter excepcional a lei especifica os casos em que a decisão é atacável.

Nem se omita o fato de que, no processo do trabalho, há recursos que podem (em exceção à regra insculpida no art. 899, *caput*, da CLT) acarretar o sobrestamento da execução, como se dá com os agravos de petição e de instrumento (CLT, art. 897, § 1º); já a ação rescisória é desprovida de eficácia suspensiva da execução, a teor do comando inflexível que se irradia do art. 969 do CPC. O que poderá sobre-ser a decisão rescindenda é, isto sim, medida cautelar inominada obtida perante o mesmo relator da rescisória, conforme veremos em capítulo próprio.

Do ponto de vista objetivo, é inegável que a rescisória não se apresenta como recurso, pois o art. 994 do CPC não a inclui no rol dos remédios dessa natureza, tratando-a, como dissemos, como autêntica ação (arts. 966 a 975). Logo, a rescisória deve ser elaborada com observância dos requisitos medulares previstos no art. 319, podendo ser indeferida; exige citação da parte contrária (CPC, art. 970), em prazo variável (*ibidem*) e enseja a produção de provas (CPC, art. 972).

No que tange ao acórdão proferido em ação rescisória, a sua natureza é constitutivo-negativa, quando a acolhe, e declaratória, quando a rejeita.

Constitui impropriedade técnica, aliás, falar-se em declaração de nulidade (de sentença ou acórdão); só se declara, em nosso sistema jurídico, a inexistência, a ineficácia. O ato nulo se desconstitui. Tão errado será referir-se à declaração judicial de nulidade, quanto pensar-se em desconstituição de ato inexistente. Como ensina Pontes de Miranda, se forem encambulhados os dois conceitos (o de nulidade, que supõe invalidade, e o de rescisão, que nada tem com nulidade, anulação e ineficácia) não se poderá atribuir à ação rescisória o tratamento científico que se faz necessário, observando que: "A rescindibilidade concerne à sentença que vale e é eficaz; se, além de se comporem os pressupostos da pretensão à rescisão e da ação rescisória, os da nulidade ou da ineficácia se apresentaram, tem o juiz diante de si situação semelhante à que se lhe oferece a cada momento: além da rescindibilidade (e. g., por vícios redibitórios da coisa), a nulidade ou a ineficácia do negócio jurídico (e. g., o comprador ou o vendedor for menor de dezesseis anos ou o outro condômino não tomou parte nas declarações de vontade)"[24].

Em resumo, só se rescinde o ato jurídico que existe, que é eficaz. Declaram-se a inexistência e a ineficácia.

Merecem ser reproduzidas aqui, por oportunas, as palavras que Pontes de Miranda dirigiu, em defesa de seu pensamento, a Luís Eulálio de Bueno Vidigal: "Nem ao jurista, nem ao juiz, nem ao próprio povo, é dado admitir que os legisladores empreguem termos errados. O que importa é o sistema jurídico. A terminologia errada há de ser recebida como se correspondesse ao conceito, e não ao nome. A Ciência, que se introduziu no Direito e fez com que ele progredisse, não pode ser postergada, mesmo se os legisladores ignorantes dizem nula, em vez de rescindível, ou rescindível em vez de resolúvel ou resilível[...]"[25].

Embora o atual CPC cogite de rescisão (art. 966, *caput*), abandonando, assim, o *nulla* de que falava o Código de 1939 (art. 798), as palavras de Pontes de Miranda haverão de permanecer como uma espécie de advertência no sentido de que possuindo a Ciência uma terminologia exata, nem mesmo ao legislador será lícito desrespeitar essa exação; e à doutrina ficará reservada a tarefa de combater esses desvios, e demonstrar que o prestígio e o acatamento às normas legais não devem ir além dos limites traçados para a sua atuação como instrumento de disciplina do relacionamento social do homem. O resto pertence à Ciência.

---

(24) Ob. cit., p. 112/113.

(25) Ob. cit., p. 114.

# CAPÍTULO III

## FUNDAMENTOS POLÍTICOS

### 1. Comentário

Ao discorrermos, no capítulo I, sobre os motivos que justificaram a admissibilidade da ação rescisória no processo do trabalho, pudemos antecipar alguns comentários respeitantes aos fundamentos políticos da existência dessa ação no próprio sistema processual de nosso País.

A apreciação desses fundamentos — de natureza política — será agora aprofundada.

Para Jorge Americano, a rescisória se justifica pela necessidade de assegurar-se a perfeita distribuição da justiça: "Se o Estado, em nome do princípio jurídico, me obriga a submeter-me à sua decisão, impõe-se logicamente que essa decisão seja justa, que corresponda àquela necessidade social ou individual que se propôs suprir ou corrigir. Daí concluir-se, em lógica pura, pela responsabilidade do Estado quando houve erro judiciário. Todavia, desde que se tranca ou suprime essa consequência inevitável, força será dar remédio por outro meio. E assim, além da revisão em matéria criminal, temos a ação rescisória em matéria cível"(26).

A prevalecer o entendimento do ilustre jurista citado, porém, o ideal de justiça, por ele elevado à categoria de argumento, faria com que a busca da verdade não encontrasse limites no tempo, gerando, com isso, inevitável instabilidade nas relações sociais e jurídicas. Demais, Jorge Americano estabelece um perigoso nexo entre a rescisória e o erro judiciário, circunstância que coloca por terra os seus argumentos em face daqueles casos em que a rescisória é legalmente admitida, mesmo que não tenha havido erro do julgador.

O que estamos a discordar, em Jorge Americano — fique claro —, não é o fato de ele haver apontado o ideal de justiça como o fundamento da rescisória, e,

---

(26) *Estudo teórico e prático da ação rescisória dos julgados no direito brasileiro*, 3. ed. São Paulo: Saraiva, 1936. p. 126.

sim, o de haver insinuado que esse anseio supremo possa provocar, até mesmo, perturbações no relacionamento jurídico dos integrantes do complexo social.

Ora, a estabilidade e a harmonia das relações sociais é algo que interessa tão intimamente ao Estado quanto interessa ao indivíduo a obtenção de justiça plena. Não pode existir, pois, preeminência de nenhum desses interesses, quando cotejados entre si, pois ambos se equivalem, axiologicamente, segundo a óptica de seus beneficiários. A questão não pode, portanto, ser colocada nestes termos: ou se confere supremacia ao interesse estatal na estabilidade das relações sociais — e, com isso, a rescisória representa um grave risco a esse escopo, ou se põe acima de tudo o ideal (ou a necessidade) de justiça, manifestado pelo indivíduo — e nessa hipótese a instabilidade das relações sociais poderá ser instaurada. Há que se ter — como em todos os atos da vida — bom-senso nesse assunto. Há que se estabelecer aquela linha mediana imaginada por Maudsley; o resultado dessa regra de comedimento será concluir-se pela conciliação entre os dois campos de interesse — do Estado e do indivíduo —, de tal modo que a ação rescisória encontre o seu fundamento na síntese formada pela necessidade de preservação da estabilidade das relações sociais e pelo anseio de justiça. Eduardo Couture, de sua parte, falou de uma aproximação, tanto quanto fosse possível, das exigências de certeza às de justiça[27].

O próprio legislador brasileiro, atento à regra de que o uso abusivo e indiscriminado da rescisória poderia causar graves danos ao tecido social, tratou de limitar os casos em que ela poderia ser ajuizada; essa restrição está representada pelo rol de causas que autorizam a rescindibilidade dos julgados (CPC, art. 966). Com tal providência, cuidou de evitar o ressurgimento de lides já compostas, de fomentar o espírito de litigiosidade, que se assenhoreia de certos indivíduos, fatos que desaguariam, fatalmente, na tantas vezes mencionada perturbação do relacionamento social.

Sob outro ângulo, se o Estado — por motivos politicamente defensáveis — avocou, em caráter monopolístico, o encargo de solucionar os conflitos intersubjetivos de interesses (anatematizando a autotutela ou autodefesa de direitos), ele se obrigou, em virtude desse mesmo ato, a uma prestação jurisdicional boa, célere e, sobretudo, justa — ou, no mínimo, realizada sem erros de conteúdo ou de forma (*due process of law*). Toda vez que o Estado decide mal as questões que são submetidas à sua cognição jurisdicional, resta diminuído o prestígio de suas decisões e a sua respeitabilidade como órgão incumbido da administração da justiça. Conquanto possa soar como um paradoxo, sempre que a rescisória

---

(27) *Fundamentos del derecho procesal civil.* Buenos Aires: Aniceto Lopez Editor, 1942. p. 201.

encontra êxito em seu objetivo se está, com isso, restabelecendo o prestígio e a respeitabilidade de que há pouco falamos.

Lembra Alcides de Mendonça Lima que para a moralidade da ordem social e para a segurança dos indivíduos, não é suficiente que a ação se finde mediante sentença passada em julgado, por força da preclusão dos recursos ou pelo julgamento dos mesmos, destacando que o objetivo do Estado não se esgota no terminar os pleitos por meio de sentença, se não que se concentra na solução dos pleitos de maneira justa(28).

Nesse quadro de realidades e anseios, a ação rescisória se apresenta como imperativo de ordem social para o manutenimento da respeitabilidade do Poder Judiciário e do equilíbrio das relações sociais, sempre que "a natureza do vício causador da injustiça seja de tal ordem, que apresente inconveniente maior do que o da instabilidade do julgamento"(29).

A doutrina, de maneira geral, realça o elemento justiça toda vez que se empenha em justificar a necessidade da ação rescisória — sob a perspectiva dos interesses individuais — em nosso ordenamento processual. Em que pese à circunstância de o indivíduo manifestar, realmente, um forte sentimento de justiça, em suas expectativas diante das decisões a serem emitidas pelo Poder Judiciário, é relevante chamar a atenção ao fato de que, em rigor, é quase nenhum o espaço que a lei reserva ao juiz para fazer justiça. De ordinário, a sua função consiste em aplicar a norma legal ao caso concreto (deixando-se de lado, por ora, o peculiar poder normativo da Justiça do Trabalho, cuja sede superior é o art. 114, § 2º, da Constituição Federal, pelo qual essa Justiça especializada pode "estabelecer normas e condições, respeitadas as disposições convencionais e legais mínimas de proteção ao trabalho"). De tal arte, se o julgador, em determinado caso concreto, realizar a concreção dos fatos à norma legal incidente, a sua sentença não será passível de ação rescisória, a despeito de eventual injustiça que ela tenha produzido.

O álbum processual civil de 1939 estatuía — convém rememorar — que: "A injustiça da sentença e a má apreciação da prova ou errônea interpretação do contrato não autorizam o exercício da ação rescisória" (art. 800, *caput*; destacamos). Embora o código vigente não tenha reproduzido essa regra, entendemos que a força da tradição, somada a certos princípios jurídicos pertinentes, fará com que mesmo na atualidade não se permita a rescisória fundada em injustiça da sentença (ou do acórdão).

---

(28) Ação Rescisória, in: *Jurisprudência brasileira trabalhista* Curitiba: Juruá, 1982. vol. 4, p. 29.

(29) VIDIGAL, Luís Eulálio de Bueno. *Da ação rescisória dos julgados*. São Paulo: Saraiva, 1948. n. 132, p. 10

A ideia de justiça, aliás, é algo que oscilará de indivíduo a indivíduo, em decorrência de sua elevada carga de subjetivismo: o que é injusto aos olhos de um, não o é aos de outro. De qualquer forma, como ponderamos, o compromisso do juiz é com a lei e não com os sentimentos de justiça do indivíduo, a despeito do caráter nobre dessa manifestação do espírito humano; segue-se, que se uma sentença injusta aplicou, com propriedade e acerto, a norma legal adequada para regular o caso concreto, não poderá ser objeto de rescisória, ainda que conste de sua manifesta injustiça.

Por esse motivo, reputamos aconselhável encarar-se com alguma reserva o parecer doutrinário que faz do ideal de justiça o fundamento, o móvel da existência dessa modalidade especial de ação, em nossa estrutura processual. Cabe reiterar que o art. 966 do CPC, ao relacionar as causas de rescindibilidade dos julgados, deixa margem diminuta de possibilidade de o pronunciamento jurisdicional ser derivante de injustiça.

Tema que possui íntima relação com o dos fundamentos políticos da ação rescisória é o da denominada "relativização da coisa julgada", de que trataremos no capitulo XII, desta primeira parte, motivo por que remetemos o leitor ao mencionado capítulo.

# CAPÍTULO IV

# CONCEITO

## 1. Comentário

A ação, em sentido amplo, consiste no direito público subjetivo de invocar-se, nos casos e forma legais (CPC, art. 2º), a tutela jurisdicional do Estado.

Sendo a rescisória uma ação, é elementar que o seu conceito não se pode afastar daquele que assinala as ações judiciais em geral. Se levarmos em conta, todavia, também, a finalidade da rescisória, veremos que a sua definição apresenta elementos particulares, que a individualizam e a desassemelham das demais ações.

Antes de formularmos um conceito pessoal de ação rescisória, vejamos como a doutrina vem se pronunciando a respeito desse assunto: "é aquela que tem por objetivo declarar a nulidade da sentença que transitou em julgado"(30); "aquela que tem por objeto ajuizar pedido de anulação de sentença passada em julgado. Remédio por excelência para a anulação dos efeitos da sentença passada em julgado, a ação rescisória é de natureza constitutiva, uma vez que tem por fim extinguir a situação jurídica consubstanciada na decisão que se busca anular"(31); "é a ação pela qual se pede a declaração da nulidade da sentença"(32); "ação pela qual se pede a decretação de nulidade ou ilegalidade de uma sentença que extrinsecamente passou em julgado e, por via de consequência, o novo julgamento da espécie nela examinada"(33); "é a ação pela qual se pede a desconstituição de sentença trânsita em julgado, com eventual rejulgamento, a seguir, da matéria nela julgada"(34).

Conquanto estejamos cientes da advertência que vem das fontes romanas, segundo a qual "*omnia definitio in iuris civilis periculosa est*", abalançamo-nos a

---

(30) Alcides de Mendonça Lima, ob. cit., p. 28.

(31) MARQUES, José Frederico. *Instituições de direito processual civil*. Rio de Janeiro: Forense, 3. ed., 1958. vol. IV, p. 1.112.

(32) VIDIGAL, Luís Eulálio de Bueno. *Comentários ao código de processo civil*. São Paulo: Revista dos Tribunais., 1974. p. 5.

(33) Jorge Americano, ob. cit., p. 138.

(34) MOREIRA, J. C. Barbosa. *Comentários ao código de processo civil*. Rio de Janeiro: Forense, 1978. vol. V, p. 95.

estabelecer o seguinte conceito de ação rescisória: (1) é aquela por meio da qual se pede (2) a desconstituição, (3) da coisa julgada, (4) nos casos previstos em lei, (5) podendo haver novo julgamento da causa.

Dissemos: (1) é aquela pela qual se pede porque, mesmo em sede de rescisória, prevalece o princípio da inércia da jurisdição, ou da demanda, corporificado no art. 2º do CPC, conforme "O processo começa por iniciativa da parte e se desenvolve por impulso oficial, salvo as exceções previstas em lei". Dessa maneira, ainda que, p. ex., a sentença tenha afrontado a coisa julgada; violado literal disposição de lei; sido proferida por juiz impedido ou absolutamente incompetente etc., somente poderá ser desconstituída por iniciativa da parte interessada e provida de legitimidade para tanto; com isso, se está afirmando que o magistrado não pode agir *ex officio*. O emprego do verbo pedir, no enunciado do conceito que esboçamos, atende, por outro lado, ao requisito constante do art. 319, inc. IV, do CPC.

(2) A desconstituição propõe o fim da ação em exame, ou seja, é desconstituir a coisa julgada, como qualidade (e não efeito) da sentença não mais sujeita a recurso de qualquer espécie. Incidiram, portanto, em patente deslize científico os autores que viram no objetivo dessa ação a declaração ou decretação de nulidade. Como pudemos esclarecer no capítulo III, em nosso sistema jurídico só se declara a inexistência ou a ineficácia do ato; o eivado de nulidade deve ser desconstituído. Mesmo na vigência do CPC de 1939, cujo art. 798 fazia equívoca referência à sentença nula (em vez de rescindível), o uso do verbo declarar, pela doutrina, era passível de censura, pois ainda que "nula" fosse, efetivamente, a sentença, a hipótese seria de desconstituição e não de declaração. Pode-se falar, também, em rescisão da sentença, vez que rescindir (do latim *rescindo, is, scidi, scissum, scindere*) significa anular, desfazer, ab-rogar. Adequado, por isso, o *nomen iuris* de rescisória atribuído à ação de que estamos a tratar.

(3) Da coisa julgada, porque o escopo da rescisória radica no desfazimento da eficácia que tornou imutável e indiscutível a sentença (CPC, art. 502). Nesse ponto, se evidencia um dos traços que separam e distinguem a rescisória dos recursos: enquanto estes só podem ser interpostos dos pronunciamentos jurisdicionais não passados em julgado, aquela constitui o remédio jurídico específico para a desconstituição das decisões afetadas pelo fenômeno da coisa julgada. A inserção da *res iudicata* no conceito que elaboramos pode parecer desnecessária, por ser óbvio que a rescisória só se dirige às sentenças não mais sujeitas a recurso; embora não desconheçamos esse fato, devemos dizer que a nossa atitude visou a atender aos objetivos didáticos do conceito. O que se nos depara dispensável é a referência feita por Jorge Americano a ter a sentença rescindenda extrinsecamente passado em julgado, pois é da íntima substância da coisa julgada a sua eficácia somente extrínseca, vale dizer, formal. Em razão do quanto expusemos até esta altura, parece ficar claro que se a ação rescisória tiver como objeto pronunciamento jurisdicional pendente do julgamento de recurso, o processo da rescisória deverá ser sumariamente extinto, por ser, o autor, carecedor

da ação, derivante da sua falta de interesse processual: afinal, pretende rescindir uma decisão ainda não transitada em julgado e que pode, até mesmo, ser inteiramente modificada pelo recurso dela interposto.

Ainda sobre a introdução da *res iudicata* em nosso conceito, cabe-nos acrescentar que o próprio art. 966 do CPC faz expressa alusão a ela, nada obstante eventual omissão quanto a isso não prejudicasse o entendimento do preceito. Nossa preocupação foi, assim, de foro didático.

A oportunidade nos sugere registrar, ainda, que a rescisória será admitida mesmo que da sentença — passada em julgado, evidentemente — a parte não tenha interposto recurso; essa é a orientação jurisprudencial cristalizada na Súmula n. 514, do STF.

(4) Nos casos previstos em lei, na medida em que as situações autorizadoras da rescindibilidade dos julgados são apenas aquelas relacionadas pelo art. 966, I a VIII, do CPC. Estando a coisa julgada a serviço do propósito político de preservação da estabilidade das relações sociais, torna-se razoável admitir que o manejo da ação rescisória não deve ser amplo, ilimitado, sob pena de frustrar o propósito a que aludimos. Teria agido com perniciosa insensatez o legislador se houvesse deixado ao prudente arbítrio do indivíduo o exercício dessa ação, ou seja, que invocasse a tutela jurisdicional do Estado para desconstituir a coisa julgada toda vez que entendesse, por meros ditames de sua conveniência, que a sentença deveria ser apagada na ordem jurídica. Obrou, conseguintemente, com elogiável prudência o legislador ao indicar, de modo exaustivo, os casos que rendem ensejo ao exercício de uma pretensão rescisória.

Em suma: não se rescindem os julgados por motivo arbitrário e, sim, apenas nos casos em que a norma legal permite.

(5) Podendo haver novo julgamento da causa. Quando se ingressa em juízo, com a rescisória, o que se pretende, em rigor, é desconstituir a coisa julgada, eliminar a sentença contrária aos interesses do autor; eis o *iudicium rescindens*. Em determinadas situações, contudo, deseja-se, além disso, obter um novo julgamento da causa; o *iudicium rescissorium*. O vocábulo "rejulgamento", tão no gosto de alguns autores, não possui, venia permissa, previsão léxica.

Em certas hipóteses, o novo julgamento é absolutamente desnecessário, como ocorre, e. g., quando se acolhe a rescisória calcada em ofensa à coisa julgada: expungida a sentença rescindenda, ficará restabelecido o império e a autoridade da *res iudicata*, que ela estava a molestar; o mesmo se diga da rescisória fundada em violação de literal disposição de lei. Em outras, porém, torna-se imprescindível que o tribunal realize um novo julgamento, pois a simples desconstituição da coisa julgada não basta, não atende, por inteiro, aos interesses do autor. Seria o caso, *v. g.*, de ele obter prova nova, capaz, por si só, de assegurar-lhe, desta feita, um pronunciamento favorável (CPC, art. 966, VII). Resumindo:

em determinados casos, a ausência de um novo julgamento deixaria a lide sem uma colmatação jurisdicional, por assim dizer, pois a simples desconstituição da coisa julgada não reporia ou socorreria o direito da parte vencedora na rescisória.

O novo julgamento não é algo que integra, invariavelmente, a finalidade da rescisória; é, ao reverso, eventual e sua ocorrência será imposta pela necessidade de cada caso concreto.

Incumbe ao autor, sempre que for o caso, cumular ao pedido de rescisão o de novo julgamento da causa (CPC, art. 968, I). Embora o assunto seja controvertido, entendemos que o pedido de novo julgamento, sempre que esse for o caso, estará sempre implícito na inicial, porquanto figura como dever legal do autor a cumulação dos juízos *rescindens* e *rescissorium*. É que a não se pensar dessa maneira, a mera desconstituição da coisa julgada implicará (em certas situações), em última análise, denegação da prestação jurisdicional: apaga-se o que estava escrito e nada se escreve no lugar. Forma-se o *nihil* jurisdicional.

É verdade que poderíamos ter apresentado um conceito minudencioso de ação rescisória, nele introduzindo todos os elementos que se localizam em sua órbita; esse descer às minúcias, no entanto, serviria apenas para apoquentar os nossos ilustres ledores e dificultar a exata captação do conjunto integrado por esses elementos. Daí porque nos limitamos a edificar tal conceito unicamente com os seus elementos essenciais. Seria despiciendo ocuparmo-nos, nessa tarefa, com questiúnculas relativas a prazo para o ajuizamento da ação rescisória, a juízo competente, a legitimidade e o mais. Sobre isso, escreveremos em capítulos específicos.

Uma nota final, para que a disciplina da rescisória seja convenientemente entendida. Envolvendo essa modalidade de ação "constitucionalizada" (Const. Fed., art. 102, I, j) autêntico julgamento de julgamento, o seu surgimento, na verdade, é pré-processual, conquanto ela se desenvolva em face da decisão rescindenda; é certo que ao desconstituir essa decisão, a rescisória pode penetrar no mérito da pretensão *in iudicio deducta* anteriormente, ainda que, nesse reingresso, não reate, não reinstaure a antiga relação jurídica processual. Realizando, ou deixando de realizar a nova cognição do mérito, é indiscutível que a rescisória faz nascer uma outra relação processual.

Tudo o que não está no campo de atuação do *iudicium rescissorium* permanece inalterado; fica como se encontrava: precluso. Aquilo que estava em via de precluir e foi afetado por esse juízo, já não preclui: "Retoma-se o tempo, em caso raro de reversão, como se estaria no momento mais remoto a que a decisão rescindente empuxa a sua eficácia, se a abertura na relação jurídica processual foi nos momentos anteriores à decisão final no feito"[35].

---

(35) Pontes de Miranda, ob. cit., p. 67.

# CAPÍTULO V

# CLASSIFICAÇÃO

## 1. Comentário

Nada, talvez, atenda tão de perto aos princípios, métodos e exigências científicas do que a classificação (= distribuir por classes) dos diversos elementos ou institutos que integram determinada área do conhecimento humano.

Não é diferente o que se passa no plano da ciência jurídica do processo.

Coube a Carnelutti o merecimento de haver elaborado, pela primeira vez, uma classificação científica da ação rescisória, segundo as causas legais que legitimam o seu exercício. Podemos mesmo afirmar que as demais classificações, apresentadas posteriormente por outros juristas, se inspiraram, com maior ou menor intensidade, na matriz carnelutiana, como veremos adiante.

Cumpre-nos elucidar que o sistema processual italiano não conhece a ação rescisória, ao menos com esse *nomen iuris*. A figura do processo civil da Itália que mais se aproxima da rescisória brasileira é a *revocazione*, embora esta possa ser ajuizada antes ou depois do trânsito em julgado da decisão. A observação é necessária para alertar que o grande mestre peninsular realizou a classificação da revocazione e não da rescisória — inexistente na legislação daquele país.

Baseando-se no art. 494, 1 a 5, do diploma processual italiano de 1865, Carnelutti deu a lume uma classificação estruturada em três critérios ou fatores a saber: a) as irregularidades processuais oriundas de atos praticados pelas partes, aí introduzindo o dolo de um dos litigantes em prejuízo do outro (n. 1); b) as anomalias pertinentes à atividade exercida *ex officio*, máxime pelo magistrado, compreendendo o erro de fato (n. 4); c) as anomalias relacionadas com a prova: documentos falsos (n. 2), documento fundamental obtido depois do proferimento da sentença (n. 3), e desrespeito à coisa julgada (n. 5)[36].

---

(36) *Sistema de Derecho procesal civil*, vol. III, trad. de Alcalá-Zamora e Sentís Melendo, Buenos Aires: Utea, 1944. p. 702 e segs.

É interessante anotar que essas causas motivadoras do exercício da revocazione correspondem a algumas das previstas pelo atual CPC brasileiro como fundamento da ação rescisória: dolo de uma das partes em detrimento da parte vencida (art. 966, III); erro de fato (art. 966, VIII); falsa prova (art. 966, VI); prova nova (art. 966, VII) e ofensa à coisa julgada (art. 966, IV).

Em Portugal, Manuel de Andrade ofereceu uma classificação da revisão, instituto que a despeito de possuir significativos pontos de similitude com a rescisória brasileira, desta se desassemelha quanto à natureza jurídica, pois aquela figura do direito português é legal e doutrinariamente havida como recurso.

Levando em consideração as singularidades do sistema processual lusitano, Manuel de Andrade legou-nos a seguinte classificação: a) graves irregularidades particulares no formalismo processual: ausência ou nulidade da citação do réu, quando a ação e a execução lhe tenham corrido à revelia (art. 771, 6º); b) improbidade do juiz: sentença emitida mediante peita, suborno, corrupção ou prevaricação (ib*Idem*, 1º); c) invalidade de provas ou de negócios jurídicos processuais em que a sentença se tenha fundado: documento, ato praticado pelo juízo; depoimentos ou declarações de falsos peritos (ib*Idem*, 2º); confissão, desistência ou transação revogadas ou passíveis de revogação (ib*Idem*, 4º); confissão, desistência ou transação de que falavam os arts. 298 e segs. da época, "nulas" por irregularidade de mandato ou insuficiência de poderes do mandatário (ib*Idem*, 5º); d) advento de fatores que poderiam ter influído, com eficácia, no resultado do julgamento espelhado pela sentença: documento novo (*ibidem, 3º*) e ofensa à coisa julgada, desde que o vencido demonstrasse não possuir conhecimento da *res iudicata* ao tempo em que o processo estava pendente (*ibidem,* 7º)[(37)].

Nota-se que o ilustre jurista português não fez referências ao fato de a sentença ter sido obtida por intermédio de dolo da parte vencedora, em prejuízo da vencida, precisamente porque o Código daquele país não incluía esse ato dos litigantes como causa para o ajuizamento do recurso de revisão. É curial, portanto, que Manuel de Andrade não pôde valer-se do critério concebido por Carnelutti, que destacava a circunstância de o motivo da anomalia estar ligado a ato (doloso) de uma das partes, em detrimento da outra, vencida na causa.

Ainda em Portugal, o insigne Alberto dos Reis erige uma classificação do mencionado recurso, que se caracteriza por destacar duas espécies de sentença e nisso se estribar: a) sentenças meramente homologatórias; e b) sentenças tipicamente jurisdicionais[(38)].

---

(37) *Apud* Alberto dos Reis, *Código de Processo Civil Anotado*, vol. VI, Coimbra: Coimbra Edit., 1952. p. 338.

(38) Ob. cit., p. 339.

No primeiro grupo, deu-se a confissão, a desistência ou transação revogadas ou revogáveis e a confissão, a desistência ou a transação dos arts. 298 e segs., eivadas de nulidade em virtude de irregularidade do mandato ou da insuficiência de poderes; no segundo, encaixou as sentenças que apreciavam o mérito da causa, compreendendo: 1) vícios processuais, como a falta ou nulidade de citação do revel (art. 771, 6º); 2) dolo do juiz: peita, suborno, corrupção ou prevaricação (1º); 3) falsidade de provas ou de ato judicial: documento, ato judicial, depoimentos ou declarações de falsos peritos (2º); 4) superveniência de fatores decisivos: documento novo e sentença contrária a outra que tenha produzido a coisa julgada para as partes.

Fundamentalmente, como se percebe, a classificação construída por Alberto dos Reis reproduz, em larga medida, a proposta por Manuel de Andrade; a novidade consiste na separação feita por aquele quanto aos pronunciamentos jurisdicionais simplesmente homologatórios e os de típica natureza jurisdicional (onde há lide).

No processo civil brasileiro, contudo, "Os atos de disposição de direitos, praticados pelas partes ou por outros participantes do processo e homologados pelo juízo, bem como os atos homologatórios praticados no curso da execução, estão sujeitos à anulação, nos termos da lei" (CPC de 215, art. 4º), motivo pelo qual a classificação de Alberto dos Reis não se amolda ao nosso sistema.

No Brasil, Antônio Macedo de Campos empreendeu uma classificação da ação rescisória tendo em vista as causas de que cuidava o art. 485, do texto processual de 1973[(39)].

Lastreando-se na tríade: a) juiz; b) partes; e c) fora da relação jurídico-processual, esse autor introduz na primeira classe os elementos de: a.a) má formação moral (peita ou suborno, prevaricação, concussão e corrupção); a.b) má formação intelectual (impedimento, incompetência, violação literal de disposição legal); e a.c) má formação psicológica (erro de fato); na segunda (partes): dolo da parte vencedora e colusão, prova falsa e invalidade de confissão, desistência e transação; na terceira (fora da relação processual): coisa julgada e documento novo.

Com o acatamento que nos merece esse jurista — e, no geral, todos aqueles que procuram contribuir para o aprofundamento dos estudos concernentes ao direito —, a sua classificação se revela, *data venia*, imperfeita. A uma, porque a peita e o suborno não estão arrolados pelo art. 485 do CPC como causa para a rescindibilidade dos julgados; o que aí se prevê é a prevaricação, concussão ou corrupção do juiz, não sendo lícito a quem quer que seja tirar uma interpretação ampliativa

---

(39) *Ação Rescisória de Sentença*. São Paulo: Sugestões Literárias, 1976. p. 89 e segs.

dessas causas; a duas, porque não faz sentido lógico indicar o impedimento, a incompetência e a violação da literalidade da norma legal à "má formação intelectual" do julgador; ainda que o tribunal desconstitua a coisa julgada, por violação à norma legal, isso não significa que a sua decisão seja a melhor, apenas porque se trate do último pronunciamento sobre a matéria: uma boa sentença pode ser eliminada por um mau acórdão, *ad instar* do que ocorre em grau de recurso; sendo assim a "má formação intelectual" pode ser dos juízes integrantes da Corte de rescisão e não daquele que proferiu a sentença rescindenda; quanto à incompetência, é do juízo e não do juiz, pessoalmente considerado.

Pensamos, porém, que Macedo de Campos trouxe algo original ao adotar, como um dos critérios classificadores, o do "fora da relação jurídico-processual" (coisa julgada e documento novo), pois especialmente em relação a este último haveremos de admitir que não constitui uma causa que estivesse a contaminar de nulidade a sentença rescindenda; afinal, trata-se de documento novo e a novidade está em que não foi apreciado por essa sentença. Lembremos, apenas, que o CPC de 2015 substituiu a expressão "documento novo", constante do art. 485, VII, do CPC de 1973, por "prova nova", cujo significado é mais abrangente (art. 966, VII).

Em nosso meio, uma das classificações da ação rescisória mais difundidas e de maior prestígio é a elaborada por Sérgio Rizzi[(40)], apoiada na tétrade: a) juiz; b) partes; c) sentença; e d) provas, cujo esquema agora reproduzimos:

Em essência, a classificação proposta por Sérgio Rizzi representa uma espécie de versão aprimorada da que nos foi trazida por Carnelutti e na qual o jurista brasileiro confessa haver-se inspirado[(41)]. Sem embargo, o critério baseado nas partes, no juiz e nas provas, ideado pelo notável pensador italiano, foi mantido por Sérgio Rizzi, com pequenas variações de conteúdo e consideradas as peculiaridades das legislações que tiveram em vista. Assim, o erro de fato, que em Carnelutti estava afeto ao juiz, foi por Rizzi deslocado para a classe da sentença; a ofensa à coisa julgada, que lá pertencia ao grupo das provas, aqui passou a integrar o da sentença. De resto, o autor brasileiro respeitou a posição que o dolo da parte vencedora, a prova falsa e o documento novo ocupavam na classificação carnelutiana.

De outro lado, Sérgio Rizzi, como admite, tomou a Arruda Alvim o critério fundado na sentença[(42)], para completar a sua classificação da rescisória, segundo a dicção do art. 485, do CPC de 1973.

---

(40) *Ação Rescisória*. São Paulo: Revista dos Tribunais, 1979. p. 44/47.

(41) Ob. cit., p. 44.

(42) *Idem, ibidem.*

A nosso ver, reparos de pequena monta está a merecer o proveitoso trabalho de Rizzi. No fundamental, vale dizer, na eleição do juiz, das partes, da sentença e das provas como critérios para distribuir em classes os fundamentos da rescisória, a obra do renomado jurista nos parece satisfatória, em face da legislação em vigor — sem nos esquecermos das influências exercidas por Carnelutti e Arruda Alvim nessa classificação.

Vamos aos reparos sugeridos. Pensamos que a violação de literal disposição de lei (expressão substituída pelo CPC de 2015 por violação manifesta à "ordem jurídica", art. 966, V) melhor se quadraria à subclasse dos vícios extrínsecos da sentença, e não dos intrínsecos, como consta. Ora, se essa violação transcende aos lindes do processo para atingir elemento exterior (a norma jurídica), a apuração de tal fato é de índole eminentemente objetiva; logo, só se deve pensar em anomalia extrínseca. O próprio autor, aliás, ao justificar a transgressão à norma jurídica como falha intrínseca da sentença, argumentou que, para isso, não é necessário imputá-la ao juiz, bastando a existência de um julgado "objetivamente contrário à lei"(43), no que incidiu em aparente contradição.

Assim como a ofensa à coisa julgada, o quebrantamento de norma legal deve ser considerado como vício extrínseco da sentença rescindenda.

No que toca ao critério juiz, seria recomendável que a alusão fosse ao órgão jurisdicional, para, só assim, tornar-se adequada a presença das subclasses agente (o juiz, como pessoa física) e juízo. Soa algo imprópria a possibilidade de o menos (juiz) conter o mais (juízo); daí, a modificação alvitrada.

Elogie-se, porém, a atitude de Sérgio Rizzi em haver colocado o erro de fato como produto da sentença e não do juiz, como entidade subjetiva, pois para a configuração dessa erronia não é exigível que tenha existido suposição do julgador acerca de certos fatos, sendo suficiente, ao contrário, que a sentença reflita esse lapso pertinente à matéria factual. O § 1º ,do art. 966, do CPC diz, a propósito, que haverá erro de fato quando a sentença (não o juiz) admitir um fato inexistente, ou reputar inexistente um fato realmente ocorrido, a demonstrar que a própria norma legal evidencia o acerto de haver o jurista pátrio apontado a sentença como etiologia do erro que motiva o exercício de uma pretensão rescisória.

---

(43) *Idem, ibidem.*

# CAPÍTULO VI

# RELAÇÃO JURÍDICA PROCESSUAL

## 1. Comentário

Em termos concisos, a relação jurídica pode ser conceituada como a situação de antagonismo entre interesses tutelados pela ordem legal. Considerando que a solução desse conflito traduz a possibilidade de o predomínio ser apenas de um dos interesses, Moacyr Amaral Santos se refere a interesses subordinantes e interesses subordinados[(44)].

Büllow já reconhecia que a relação de direito material é distinta da relação jurídica processual; há no processo, diz o grande jurista, duas relações, que não se confundem, incumbindo ao juiz examiná-las: "O juiz tem de decidir não só sobre a existência do direito controvertido, mas também para conhecê-lo, examinar se concorrem os requisitos de existência do próprio processo; deve verificar, assim, além da questão relativa à relação jurídica litigiosa (*res in iudicio deducta*), também a concernente à relação jurídica processual (*iudicium*). Esse dualismo da matéria processual desde sempre existiu, determinado pela estrutura do procedimento judicial. Ele conduz a uma divisão do processo em duas fases, do qual uma delas é dedicada ao exame da relação jurídica material e outra à verificação dos pressupostos processuais"[(45)].

Em linhas gerais, Büllow entendia que a relação processual se distinguia da relação material sob três aspectos: a) pelos sujeitos; b) pelo objeto; c) pelos pressupostos. A importância do pensamento de Büllow para o desenvolvimento dessa disciplina pode ser avaliada pelo depoimento de James Goldschmidt: "*La teoría de la relación jurídica procesal y de sus presupuestos forma la base de todos los sistemas del proceso, siendo indudable que a partir de Büllow, y no antes, comienza a formarse una Ciencia propia del Derecho Procesal*"[(46)].

---

(44) *primeiras linhas de direito processual civil*. 1º vol. São Paulo: Saraiva, 1978. p. 5.
(45) *Apud* Ernane Fidélis dos Santos, *Introdução ao direito processual civil*. Rio de Janeiro: Forense, 1978. p. 49.
(46) *Derecho procesal civil*. Barcelona: Editorial Labor, 1936. p. 64.

## 2. Sujeitos

Inspirada em Büllow, a doutrina moderna vê no juiz, no autor e no réu, os três principais sujeitos do processo. Bulgaro já afirmava que *iudicium est actum trium personarum: judicis, actoris et rei*. Na verdade, o juiz não é sujeito da relação processual e sim o Estado, a quem ele representa; o juiz não participa do processo como pessoa natural e sim como órgão da jurisdição, nada obstante a sua individualidade possa ensejar a arguição de impedimento ou de suspeição. A incompetência é algo que diz respeito ao juízo e não ao juiz. Não menos exato é que o juiz não se coloca no mesmo plano das partes; ao contrário, posiciona-se entre elas e acima delas, com a preeminência que vem de sua ontológica neutralidade e do poder-dever de solucionar, como órgão estatal, o conflito de interesses em que se acham envolvidos os demais sujeitos do processo (autor e réu).

Questão que ainda não foi pacificada pela doutrina concerne ao estabelecimento da relação jurídica processual. Para Köhler, ela apresenta sentido meramente linear, ou seja, forma-se apenas entre autor e réu. Hellwig defendia a angularidade dessa relação, sustentando que ela interligava, de um lado, autor e Estado, e, de outro, Estado e réu. Outros, como Büllow e Adolfo Wach, asseveravam que haveria aí uma triangularidade, pela presença de posições jurídicas que atariam autor e Estado; Estado e réu; réu e autor.

A teoria linear, defendida por Köhler, deve ser rechaçada, pois comete o equívoco insuperável de estabelecer um elo somente entre autor e réu, como se o processo fosse coisa das partes, negando, com isso, a presença do juiz, com sua insubstituível tarefa de dirigir o processo e de solver o conflito de interesses. Nunca é demasiado reiterar que o direito processual pertence ao ramo do Direito Público.

A teoria angular (Hellwig), embora mais próxima da realidade do que a linear, não reconhece a existência de relação jurídica entre autor e réu; para ela, o liame se forma, como vimos, entre autor e Estado e Estado e réu. Essa doutrina fica, por isso, a dever-nos uma explicação suasória diante do fato de alguns sistemas de processo civil, como é o caso do brasileiro, permitirem que autor e réu, mediante comunhão de vontades, obtenham a suspensão do processo (CPC, art. 313, II); nem se omita a particularidade de estarem ambos subordinados à regra que lhes ordena proceder com boa-fé (CPC, art. 5º). Como negar-se, em face dessas disposições legais, a existência de uma relação também entre autor e réu?

Pensamos, pois, ser a teoria da triangularidade a que melhor se amolda ao atual estádio de desenvolução científica do processo e às próprias disposições dos textos processuais contemporâneos, conquanto saibamos não ser perfeita. Não queremos dizer, contudo, que a triangularidade deverá estar invariavelmente configurada em todos os casos; o que vale é o princípio. Admitamos, e. g., que o juiz indefira a petição inicial, por um dos motivos previstos em lei (CPC, art. 330); nesta hipótese, é evidente que a relação jurídica processual foi apenas linear (autor e Estado); o caráter linear dessa relação não pode ser interpretado como um objetivo desta, senão que um acidente que impediu a constituição da triangularidade. Tanto isto é certo, que se o autor interpuser recurso ordinário (CLT, art. 895, a) da sentença que, indeferindo a petição inicial, acarretou a extinção do processo sem exame do mérito (CPC, art. 485, I), e o órgão *ad quem* prover o recurso, aberta estará a possibilidade para que a relação atinja os seus três ângulos regulares (autor/Estado; Estado/réu e réu/autor).

A tríplice angularidade compreende, portanto, três estágios, conforme a seguinte ordem cronológica: a) autor/Estado = linear; b) Estado/réu = angular; c) réu/autor = triangular.

A relação (a) linear está ínsita em todos os casos, ainda que o autor venha a desistir da ação antes mesmo do proferimento do despacho que ordena a citação do réu (em que pese ao fato de esse despacho inexistir no processo do trabalho, como comprova o art. 841, *caput*, da CLT). Assim dizemos porque, segundo nossa opinião, a linearidade surge no instante em que o autor invoca a tutela jurisdicional do Estado-juiz, mediante a entrega da inicial em juízo. O indeferimento dessa peça não pode ser interpretado como fato impeditivo do estabelecimento de relação jurídica entre ele e o Estado; fosse assim, em nome de que relação teria o juiz emitido o despacho de indeferimento da inicial?

A angularidade, em princípio, configura-se com a citação do réu (autor/Estado + Estado/réu), e não com o comparecimento desse a juízo. O processo moderno não exige que o réu venha a juízo e sim que tenha a oportunidade para apresentar a resposta que pretender (excepcionar, contestar, reconvir, reconhecer a "procedência" (*sic*) do pedido). Impor-se a vinda do réu ao órgão jurisdicional, como condicionador do estabelecimento da angularidade, seria efetuar-se retrógrada concessão a certas concepções romanísticas.

Torna-se triangular a relação jurídica processual quando, via de regra por mandato legal, ocorre o contato direto das partes entre si, em decorrência das posições jurídicas que aí ostentam. Reconhecemos que na revelia não há essa triangularidade, o que não significa um golpe contra a teoria que a defendia. Trata-se de exceção, de acidente de percurso, que não invalida a regra. Demais, o revel pode intervir no processo, em qualquer fase, recebendo-o no estado em que se encontrar (CPC, art. 346, parágrafo único), tornando possível a concretização da tríplice angularidade.

## 3. Objeto

Como foi visto em páginas pretéritas, o Estado, ao tornar proibida a auto-satisfação de interesses individuais (autotutela), e, em consequência, avocar o monopólio de solucionar tais conflitos, fez da jurisdição não apenas um seu poder, mas, acima de tudo, um seu dever. Esse poder-dever revela, pois, o sentido de ambivalência da atividade jurisdicional que o Estado realiza.

O objeto da relação jurídica que se forma no processo se localiza, exatamente, na prestação jurisdicional que o Estado está obrigado a ministrar, por motivos historicamente relevantes e pela necessidade de promover a estabilidade das relações sociais.

Enquanto a relação jurídica de natureza material (ou substancial) tem como núcleo um bem da vida, a relação processual faz da tutela jurisdicional o seu objeto medular. Não nos parece afinada com a melhor opinião doutrinária vogante na atualidade a afirmativa, feita por alguns autores, de que a relação processual é secundária, vez que constituiria simples instrumento a serviço da defesa do direito material alegado em juízo. Ora, conforme procuraremos demonstrar no capítulo seguinte, nos tempos modernos já não sobrevivem dúvidas quanto a ser a ação um direito público subjetivo, que, para ser exercitado, independe da existência do direito substancial acaso brandido pelo autor (ou pelo réu). Devemos a Wach, a Dagenkolb e a Plosz, dentre outros, essa concepção científica da ação como um direito abstrato. Wach, por seu turno, combateu a equivocada teoria civilista da ação (Savigny) com o fulminante argumento da ação declaratória negativa, pela qual se busca obter um provimento jurisdicional declarativo da inexistência de relação jurídica material.

Em circunstâncias regulares, a relação jurídica vertente no processo se dirige à obtenção de uma sentença de mérito, que satisfaça a pretensão *in iudicio deducta* pelo autor; em virtude de certos fatores acidentais, contudo, essa relação pode findar-se sem pronunciamento acerca do mérito, como se dá, e. g., nos casos indicados pelo art. 485, do CPC.

## 4. Pressupostos processuais

Com pressupostos a doutrina costuma designar os requisitos indispensáveis à validade da relação jurídica processual.

Embora não haja uma uniformidade doutrinária quanto à classificação desses pressupostos, a que apresentaremos reflete uma certa tendência predominante:

**4.1. Pressupostos de existência do processo:** a) jurisdição; b) partes; c) ação (citação): inexistência ou nulidade (CPC, art. 337, I).

**4.2. Pressupostos de validade do processo:** a) inexistência de incompetência absoluta (CPC, art. 337, II); b) não ser inepta a inicial (CPC, art. 337, IV); c) inexistência de perempção (CPC, art. 337, V); d) inexistência de litispendência (CPC, art. 337, VI); e) inexistência de coisa julgada (CPC, art. 337, VII); f) inexistência de conexão (CPC, art. 337, VIII); g) inexistência de incapacidade de parte, defeito de representação ou falta de autorização (CPC, art. 337, IX); h) inexistência de causas suspensivas ou extintivas do processo (CPC, arts. 313 e 485).

Como se nota, os pressupostos de validade do processo são, em parte, de índole negativa, como a litispendência, a coisa julgada, a perempção.

Posteriormente, em outro livro de nossa autoria (*A Sentença no Processo do Trabalho*, 2.ª ed., Editora LTr, São Paulo, 1996, pág. 141), elaboramos outra classificação dos pressupostos processuais, baseando-nos em critério distinto do anterior. Ei-la: a) de constituição, compreendendo: 1. subjetivos (partes e juiz); 2. objetivo (ação); b) de desenvolvimento, abarcando: 1. quanto às partes (capacidade de ser parte; capacidade de estar em juízo; capacidade postulatória; 2) quanto ao juiz: jurisdição; competência; imparcialidade; 3) quanto ao procedimento: inicial apta; citação válida; inexistência de perempção; inexistência de litispendência; inexistência de coisa julgada; inexistência de conexão). Esta classificação não deita por terra a anterior. Serve para demonstrar que poderão existir tantas classificações quantos forem os critérios que se venha a perfilhar.

A propósito, adotando outro ângulo óptico, determinado segmento da inteligência doutrinal tem reconhecido a presença de duas classes de pressupostos processuais: a) objetivos; e b) subjetivos.

a) Os objetivos se desdobram em elementos: a) intrínsecos (regularidade do procedimento, citação regular); b) extrínsecos (ausência de impedimentos = coisa julgada, litispendência, compromisso arbitral).

b) Os subjetivos concernem: a) ao juiz (investidura, competência, imparcialidade); b) às partes (capacidade de ser parte, de estar em juízo e postulatória).

Não é nosso propósito, neste livro, ingressar no exame do acerto ou do desacerto dos critérios utilizados pela doutrina para empreender a classificação dos pressupostos processuais. Isso será tarefa para outra obra; de qualquer modo, desejamos, ainda que *en passant*, efetuar um pequeno retoque nesta última, porquanto inclui a incompetência como elemento subjetivo, ligando-a à pessoa do juiz, quando se sabe que a falta de competência é sempre do juízo.

Se fôssemos nos deixar guiar pelo espírito de concisão, bem poderíamos pensar em distribuir esses pressupostos em três classes: a) regular exercício do direito de ação; b) competência do órgão jurisdicional; c) investidura do juiz.

As classificações minuciosas, a despeito de poderem ser censuradas em nome de um capricho que pouco atende ao rigor científico se justificam, amplamente, em razão de seu escopo didático, pois individualizam e revelam todos os elementos de que se valeu o jurista.

## 5. Características da relação processual

Toda obra humana traz aquela marca idiossincrásica que é singular à raça; por isso, tudo pode resumir-se a um ponto de vista e por aí explicar-se o fenômeno da heterogeneidade das manifestações do gênio humano. Estas considerações são necessárias para justificar a classificação dos elementos característicos da relação jurídica processual, que tem a preferência da doutrina, conquanto não esteja isenta de críticas; ei-la:

**5.1. Complexidade.** No universo jurídico, há relações que se peculiarizam pela assunção de uma única posição jurídica, pelo autor e pelo réu: são as relações simples; há, ainda, as relações que compreendem um conjunto, uma variedade de posições jurídicas ativas e passivas: são as relações complexas.

Em geral, a relação que se estabelece no plano do processo é do tipo complexo, pois apresenta aquela multiplicidade de posições jurídicas a que há pouco nos referimos. Daí, a complexidade ser apontada como uma de suas características.

**5.2. Dinamismo.** Afastada a acepção filosófica que este substantivo possa sugerir, com ele se tenta traduzir o moto-contínuo com que se desenvolve a relação jurídica processual, em decorrência de sua própria complexidade. Antes de prosseguirmos, convém lembrar que na esfera das relações jurídicas ditas simples o advento de apenas um fato é bastante para extingui-la, como acontece, p. ex., com o pagamento no contrato de mútuo. No âmbito das complexas, entretanto, originam-se e acumulam-se diversas posições jurídicas ativas e passivas que sofrem constantes mutações evolutivas (em direção à sentença de fundo, que comporá a lide); extrai-se dessa particularidade o caráter de dinamismo das relações complexas.

**5.3. Unidade.** Acabamos de afirmar que as posições jurídicas adotadas pelas partes, no processo, não representam um fim em si mesmas; ao contrário, vão desaguar na sentença de mérito, sua foz natural, seu polo de atração magnética. Os atos, que no processo se praticam, não são, por isso, centrífugos, dispersivos, e, sim, aglutináveis e progressivos, vinculados entre si por uma unidade teleológica: o provimento jurisdicional de fundo. A petição inicial figura não só como o instrumento formal de provocação do poder-dever jurisdicional do Estado, mas o primeiro ato da série preordenada (e, quase sempre, preclusiva) que se fechará com a sentença. E apropriado, em razão disso, falar-se de uma unidade como característica dessa relação jurídica, que surge e se multiplica no curso processual. Unidade e não unicidade.

**5.4. Triplicidade.** Vimos, no início deste capítulo, que a relação processual se constitui subjetivamente sob três ângulos: autor/Estado; Estado/réu; réu/autor, segundo essa ordem cronológica. Essa tríplice angularidade agora se apresenta como uma das singularidades da relação processual, vez que une os seus três sujeitos entre si: autor, Estado e réu. O fato de, ocasionalmente, o réu ser revel, não implica negar essa triplicidade. Forçoso é reconhecer, entretanto, que, em situações excepcionais, essa triangularidade da relação processual pode ceder lugar a uma angularidade simples, como ocorre, por exemplo, na ação de mandado de segurança, em que a relação se constitui, apenas, entre o impetrante e a autoridade apontada como coatora. Mesmo que se entenda que deva existir, em certos casos, litisconsórcio necessário, isso não significa que se terá aí uma triangularidade, pois o litisconsorte passivo se coloca, ainda que de modo heterotópico e surrealista, no mesmo polo em que se localiza a autoridade coatora.

**5.5. Natureza pública.** Já afirmamos que o processo moderno não é, como o de outrora, coisa das partes. É método ou técnica de que se utiliza o Estado para a solução dos conflitos intersubjetivos de interesses, protegidos pela ordem jurídica. Vem daí o fato de a relação jurídica processual pertencer ao ramo do Direito Público, mesmo que a relação material posta em juízo seja de direito privado. Não é a natureza desta que imprime a natureza jurídica daquela. Sob esse aspecto, é lícito sustentar a autonomia da relação jurídica que se forma no processo. O traço da natureza pública do processo está consubstanciado na preeminência do Estado-juiz, em face dos demais sujeitos que participam dessa relação.

# CAPÍTULO VII

## CONDIÇÕES DA AÇÃO RESCISÓRIA

### 1. Teorias

Várias teorias surgiram para explicar a natureza jurídica da ação. Vejamos, em escorço, as principais delas.

#### 1.1. Teoria civilista

Teve em Celso o seu precursor (*actio nihil aliud est quam ius persequendi in iudicio sibi debeatur*) e em Savigny o seu grande agente de divulgação. Para ela, a ação nada mais representava do que o próprio direito material em estado de reação a uma violência, já concretizada ou na iminência de vir a ser; reduziria, portanto, a ação à mera qualidade do direito material. A partir dessa concepção, Vinnius, Mattirolo, Filomusi Guelfi e outros formularam os seus conceitos de ação, considerando-a, sempre, como uma propriedade, um elemento, uma função do direito substancial.

Essa doutrina recebeu duras críticas, pois não era capaz de explicar qual teria sido o direito em que o autor se apoiou para invocar a tutela jurisdicional do Estado, naqueles casos em que não se lhe reconhecia a existência do alegado direito material. Se a ação nada mais era do que o próprio direito material reagindo a uma agressão, como pôde o autor exercitar o direito de ação, se não possuía o direito material, pressuposto daquele, sob a óptica dessa doutrina? Como esta por outro lado, se justificaria diante da possibilidade de o interessado aforar ação declaratória negativa, postulando um pronunciamento jurisdicional que dissesse da inexistência de relação jurídica (substancial) ou do direito acaso alegado pela parte contrária?

A teoria civilista começou a ruir com os resultados da famosa polêmica estabelecida entre dois ilustres romanistas alemães da época, Bernard Windscheid, professor na Universidade de Greifswal, e Theodor Muther, professor na Universidade de Könisberg. Windscheid publicou, em 1856, o livro *A ação no direito romano sob o ponto de vista do direito atual*, que deu origem às objeções que Muther manifestaria em sua obra *Zur Lehre von der romischen Actio, dem heutigen Klagerecht, der Singularsucession in Obligationem*, editada em 1857.

Já no pensamento de Muther a ação se delineia como um direito que não se confunde com o direito material; a ação, como direito público subjetivo, seria exercida contra o Estado e não contra o indivíduo.

Anota Chiovenda que essa controvérsia, a despeito de não haver conduzido a resultados definitivos — porquanto não conseguiu aclarar a matéria debatida pelos dois juristas — teve o inegável merecimento de suscitar uma ampla e profunda discussão em um campo onde quase tudo estava para ser desvendado[47].

### 1.2. Teoria do direito concreto

Fluía o ano de 1885 quando Adolfo Wach, sob a influência de Muther, leva a público a sua mais importante monografia, versando sobre a ação declaratória. Esse trabalho vem sendo reconhecido como a mais notável contribuição ao advento da moderna teoria do processo; o próprio Wach é apontado, com justiça, como um dos fundadores do direito processual contemporâneo.

Nessa obra, o renomado jurista pôde demonstrar que a ação é um direito autônomo, pois não se subordina ao direito material, que porventura vise a proteger. Wach utilizou como um dos argumentos em defesa de seu parecer a ação declaratória negativa, cuja finalidade é a consecução de um provimento jurisdicional que diga da inexistência de relação jurídica ou do direito pretendido pela parte adversa. Segundo ele, a ação seria ajuizada contra o Estado e não contra o adversário, daí o caráter de direito público que via (acertadamente) nesse ato de invocar a tutela jurisdicional do Estado. O equívoco de Wach estava, porém, em supor que essa tutela somente se configuraria com a sentença favorável ao autor.

Von Büllow, como já deixamos assentado no Capítulo anterior, foi um dos que afirmaram ser a relação jurídica processual distinta da que se estabelece no plano do direito material.

### 1.3. Teoria do direito potestativo

Chiovenda, inspirado em Wach, desenvolve, mais tarde, a teoria da ação como direito concreto de agir, impondo-lhe modificações em pontos fundamentais. Embora julgasse ser a ação um direito autônomo, o festejado jurista italiano entendia que ela não era direcionada contra o Estado, e, sim, contra o adversário; sendo assim, conceituava a ação como um direito de provocar, contra a parte contrária, o exercício do poder-dever estatal, a que se denomina jurisdição.

O direito de ação, em Chiovenda, é exercido mesmo contra a vontade do adversário, destinando-se a produzir resultados jurídicos em benefício do autor com a imposição do consequente ônus ao réu, sem que este possa impedir a

(47) La acción en el sistema de los derechos, in *Ensayos de derecho procesal civil*, vol. I, trad. argent., p. 3 e segs.

produção de tais efeitos. Daí a nota de potestatividade que Chiovenda atribui ao direito de agir em juízo.

Como escrevemos em outra obra[48], procurando desvencilhar-se das críticas formuladas à teoria civilista da ação, Chiovenda construiu engenhosa teoria geral do direito, em que a norma legal representa a vontade abstrata da lei; dessa forma, quando ocorre o fato por ela previsto, a vontade da lei se manifesta concretamente, com o objetivo de assegurar ao autor o conseguimento de um bem da vida.

Na teoria chiovendiana, a função jurisdicional se destaca como a de fazer atuar a vontade concreta da lei, com o escopo de manter a ordem jurídica. Essa função é privativa do Estado, que a exerce por meio de provocação do interessado e sem que se outorgue à parte contrária o direito de inibir essa provocação. Em termos objetivos, a habilidosa concepção de Chiovenda significa que a afirmação de alguém possuir ação corresponde ao reconhecimento de que essa pessoa é dotada do poder jurídico de provocar a atividade jurisdicional do Estado, vale dizer, a própria atuação da vontade concreta da lei.

O pensamento de Chiovenda exerceu profunda influência não apenas na Itália, mas em vários outros países, embora hoje não possua o mesmo prestígio de outrora. Um dos pontos frágeis dessa doutrina estava em que ela não justificava qual teria sido o poder que permitiu ao autor impetrar a tutela da jurisdição — e fazer funcionar o aparato estatal — nos casos em que se declarasse não possuir o direito de ação. É verdade que algumas vozes se levantaram para refutar essa objeção, alegando que não se deve confundir o direito de agir em juízo com a faculdade de pedir ao Judiciário que diga com quem está o direito, sabendo-se que essa faculdade se articula com a relação processual e não com o direito de agir[49].

Calamandrei separava, igualmente, o direito material do direito processual, conquanto considerasse que o decreto judicial que negasse a ação daria cobro do processo com exame do mérito, porquanto o pensamento predominante — convém rememorar — era de que a ação se caracteriza como um julgamento favorável às pretensões do autor.

A doutrina em questão se apoiava na tríade: direito, titularidade e interesse, pois exigia, como requisito essencial para o surgimento da ação: a) a existência de um direito; b) que somente pudesse ser exercido por seu titular; c) devendo o autor possuir interesse na obtenção de uma sentença favorável. Sobre o assunto, assim se pronunciou Calamandrei: "Os três requisitos devem concorrer a fim

---

(48) *As ações cautelares no processo do trabalho*. 2. ed. São Paulo: LTr, c., 1989. p. 28/29.
(49) *Instituciones de derecho procesal civil*. Buenos Aires, 1941. vol. 1, p. 129.

de que se possa considerar nascida a ação, entendida no sentido concreto, como direito à providência favorável; a falta de um só deles determina também que seja repelida a demanda de mérito" (destacamos)[(50)].

Modernamente, como deixamos dito em linhas transatas, o direito de ação já não pode ser visto como subordinado à obtenção de uma sentença favorável aos interesses do autor, nem mesmo vinculado à consecução de uma sentença respeitante ao mérito; a ação é, isto sim, um direito público subjetivo de impetrar-se a tutela jurisdicional do Estado.

### 1.4. Teoria do direito abstrato

A teoria supracitada apareceu na Alemanha como uma espécie de reação à que identificava a ação como um direito concreto. Dagenkolg, em terras germânicas, e Plosz, na Hungria, foram dois de seus mais expressivos representantes.

Essa doutrina asseverava que haveria ação mesmo que a sentença negasse a existência do direito invocado pelo autor, ou o concedesse a quem não o possuísse. Com isso, estabeleceu-se um definitivo divisor de águas entre ação e direito material, proclamando-se que aquela, para existir, independe da presença desse.

O direito de agir em juízo condiciona-se, apenas, a que o autor aluda a um interesse seu, protegido de maneira abstrata pelo direito, incumbindo ao Estado, a contar desse momento, desempenhar a função jurisdicional que lhe é privativa, ainda que oposta aos interesses de quem a provocou. Ao direito de ação corresponde, assim, a obrigação de o Estado prestar a tutela jurisdicional e de constringir o réu a participar do juízo. Consagra-se, nesta doutrina, a ação como um direito público subjetivo, desvinculada do direito material subjacente. Decorre dessa particularidade o designativo de direito abstrato de agir, com que passou a ser identificada essa teoria da ação.

Um de seus ardentes defensores foi Alfredo Rocco, que ofereceu uma divisão dicotômica do interesse propulsor do ingresso de alguém em juízo: de um lado, o interesse protegido pelo direito; de outro, o interesse na tutela desse direito, pelo organismo estatal. Nessa linha de percepção, os titulares de direitos subjetivos têm um único interesse, que se apresenta de modo abstrato e secundário: conseguir a interveniência do Estado, com o propósito de alcançar a realização prática dos interesses protegidos pelo direito. Para esse autor, o direito de ação é público, subjetivo e autônomo, sendo exercido contra o Estado, "que tem por conteúdo substancial o interesse secundário e abstrato na intervenção do Estado para a eliminação dos óbices que a incerteza ou a

---

(50) CASTRO, Amílcar de Castro.*Comentários ao código de processo civil*. 2. ed. vol. X. São Paulo: Revista dos Tribunais, 1976. n. 19, p. 47.

inobservância da norma aplicável ao caso concreto possam opor à realização dos interesses tutelados"[51].

Ugo Rocco comungava dessa corrente de pensamento, embora tivesse incluído a ação na categoria dos direitos cívicos.

Preservando o núcleo da teoria *sub examen*, Betti contribui com peculiar parecer, formado pela conjugação de duas figuras jurídicas: a pretensão e a ação. A primeira é tida como a alegação de uma efetiva e concreta situação de direito — considerada em abstrato —, formulada pela parte que invoca a tutela jurisdicional e justificadora desse ato de invocação; a segunda representa o poder de dar início ao processo. Conclui Betti que a ação não se liga à existência objetiva da situação de direito afirmada, relacionando-se, sim, com a pretensão deduzida em juízo.

Os estudiosos do direito processual costumam introduzir Carnelutti no elenco dos juristas que aderiram à doutrina da ação como um direito abstrato de agir. Parece-nos acertada, no entanto, a observação de Moacyr Amaral Santos de que essa inclusão emana, basicamente, do fato de o jurista italiano não haver condicionado — como pressuposto necessário — a ação à efetiva presença do direito material afirmado pelo autor. De resto, são escassos os pontos de contacto que o pensamento carnelutiano mantém com a teoria da ação como direito abstrato.

Com efeito, a doutrina de Carnelutti singulariza-se em virtude de haver procedido a uma disjunção dos conceitos de lide e de processo. Lide, para ele, é o conflito de interesses qualificado pela pretensão de um indivíduo (autor), a que um outro resiste (réu), sendo quatro os elementos que a integram: a) as partes, que representam os sujeitos ativo e passivo da relação processual; b) o objeto do interesse, ou seja, um bem ou utilidade da vida; c) a pretensão, que corresponde à exigência de submissão do réu ao interesse do autor; d) a resistência à pretensão.

O objetivo do processo não é, portanto, fazer atuar o direito e sim compor o conflito de interesses (lide). Como consequência prática desse entendimento, pode ter ação mesmo quem não possuir o direito material alegado em juízo. Cabe-nos esclarecer, todavia, que Carnelutti admitia um pequeno ponto de intersecção entre o direito material e o direito de ação, ao pregar que a atribuição do direito processual é determinada pela pretensão de direito material; a seu ver, a ação deve ser exercitada por aquele que deseja obter, mediante sentença, a realização do direito substancial.

---

(51) *Apud* Moacyr Amaral Santos, ob. cit., p. 130.

O sujeito da obrigação pertinente ao direito público subjetivo de ação é o juiz e não o Estado, pois se trata de um direito à sentença que solucione a lide, pouco importando que seja injusta ou de qualquer maneira venha em detrimento dos interesses do autor.

### 1.5. Outras teorias

Em que pese à tendência de classificar-se, fundamentalmente, em dois grupos as correntes de pensamento relativas ao direito de ação — direito concreto e direito abstrato —, não podemos ignorar o fato de que vários outros juristas procuraram contribuir para o acertamento desse problema, embora não se possa aglutinar as suas opiniões em correntes homogêneas. Merecem, contudo, ser citados: Pekelis tinha a ação como um direito de fazer agir, e não apenas de agir, pois esse seria o único direito subjetivo do indivíduo; Satta, divergindo, negou o conceito publicístico, que se atribui à ação, considerando-a como mero instrumento do direito material, com o que lha negava a autonomia reconhecida pela maioria doutrinal; para Levi a ação possuía natureza de negócio jurídico; Mortara, em opinião acatada por muitos, imaginou a ação como a relação de direito público que se forma em decorrência do conflito de interesses, tendo curso no processo com a consequente aplicação, pelo juiz, da regra de direito apta a incidir no caso concreto; Eduardo Couture entendia a ação como produto do direito de petição, introduzindo-a no direito constitucional de representação.

Divergimos, *data venia*, de Couture. Nada obstante o direito de petição, como o de ação, possua origem constitucional, está, na verdade, relacionado com a defesa dos direitos individuais ou coletivos, promovida perante a autoridade pública, "como precedente da representação popular e confinado com o direito de representação"[52]. Além disso, são amplamente distintas as raízes históricas do direito de petição e do direito de ação.

## 2. As condições da ação

Enrico Tullio Liebman, que fora discípulo de Chiovenda, embora tenha perfilhado o entendimento de que a ação constitui um direito público subjetivo e autônomo, elaborou prestigiosa teoria conforme a qual esse direito de agir em juízo apenas se configuraria se o autor atendesse a determinados requisitos — a que chamou de condições — indispensáveis a um pronunciamento sobre o mérito. Para esse jurista luminar, a ação correspondia a um julgamento das questões de fundo, sendo ajuizada contra o Estado e não contra o réu.

A permanência de Liebman, em nosso país, durante alguns anos, na década de 1940, pôde ser apontada como o principal fator da larga influência que o

---

(52) DINAMARCO, Cândido.*Fundamentos do processo civil moderno*. São Paulo: Revista dos Tribuanis, 1986. p. 78.

seu pensamento exerceu na doutrina processual brasileira. Mais do que isso, as ideias desse ilustre jurista foram incorporadas ao CPC de 1973, como evidenciavam, dentre outros, os arts. 3º e 267, VI (que correspondem, *mutatis mutandis*, aos arts. 17 e 485, VI, respectivamente, do CPC de 2015). É de reconhecer-se, todavia, a existência de algumas contradições intransponíveis, no texto do CPC de 1973, entre a teoria liebmaniana "e o uso de linguagem tradicional, que só se adapta bem à tese chiovendiana da ação"(53). Colimando, aliás, eliminar essas contradições, Egas Moniz de Aragão redigiu bem fundamentada emenda ao projeto do Código, para harmonizá-lo nesse particular; dita emenda, apresentada ao Senado pelo Relator-Geral, o senador paranaense Acioli Neto (sob n. 139), acabou sendo rejeitada sem qualquer justificativa(54).

Eram três, para Liebman, as condições da ação: a) possibilidade jurídica do pedido; b) interesse de agir; e c) legitimidade *ad causam*.

Dediquemo-nos, a seguir, ao exame dessas condições, especialmente sob a óptica da ação rescisória.

### 2.1. A antiga possibilidade jurídica do pedido

Não são infrequentes as afirmações feitas pelos autores no sentido de que juridicamente impossível é o pedido que não encontra amparo na ordem legal (ou jurídica, lato sensu). Opiniões que tais devem ser, porém, combatidas, pois representam uma deturpação da doutrina de Liebman. Impossibilidade jurídica de um pedimento haverá quando o ordenamento legal contiver, de maneira expressa, um veto, um preceito proibitivo de sua formulação em juízo. O art. 814, *caput*, do Código Civil, ao estatuir que: "As dívidas de jogo ou de aposta não obrigam a pagamento", fornece-nos um caso típico de pedido juridicamente inatendível. Segue-se, que se o autor não possuir o direito alegado, a hipótese será, pura e simplesmente, de rejeição do pedido, nunca de declaração de carência da ação ou de canhestra "improcedência" dessa.

Se, p. ex., o autor deduz uma pretensão rescisória com fulcro em fato não previsto pelo art. 966, do CPC, pode-se cogitar de indeferimento da inicial ou de rejeição do pedido; jamais de carência da ação, por suposto impedimento legal à formulação de semelhante pedido.

A doutrina de Liebman merece, contudo, um pequeno reparo. Segundo o sistema por ele ideado, a falta de uma das condições da ação conduz à extinção do processo sem julgamento do mérito; essa orientação doutrinária foi consagrada pelo art. 485, VI, do CPC em vigor. Como inexistiu prospecção

---

(53) BARBI, Celso Agrícola. *Comentários ao Código de Processo Civil*, vol. 1. Rio de Janeiro: Forense, 1981, p. 32.
(54) In Diário do Congresso Nacional, edição de 24.11.72, p. 4760.

jurisdicional acerca das questões de fundo da causa, pode o autor ingressar, novamente, com a ação (CPC, art. 486). Ora, radica precisamente neste ponto a vulnerabilidade da teoria liebmaniana, porquanto se há, na ordem legal, um veto a determinado pedido que o autor deduziu em juízo, é elementar que deveria ocorrer a extinção do processo com exame do mérito, sob pena de permitir que o autor volte a juízo com a mesma ação, tantas quantas forem as vezes que lhe aprouver. Chega mesmo a ferir o senso lógico a possibilidade de a parte retornar com o mesmo pedido, sempre que subsistir a proibição legal à sua formulação no âmbito judicial. O que a lei proíbe, proibido permanece, até que a norma seja revogada.

Foi, provavelmente, diante de argumentos dessa ordem que Liebman acabou por reformular o seu parecer sobre o assunto, para admitir que a possibilidade jurídica da ação não deve ser considerada como condição para o exercício do direito de ação e sim como matéria pertencente ao mérito da causa; consulte-se, quanto a isso, a 3. edição de seu profícuo *Manuale di Diritto Processuale Civile* (Giuffrè, 1973, p. 1973).

Na edição anterior desse livro, quando ainda estava a viger o CPC de 1973, escrevemos: "De tal arte, em que pese à particularidade de o atual CPC seguir fazendo referência à possibilidade jurídica do pedido como condição da ação (art. 267, VI), a ironia fica à conta do fato de o idealizador da doutrina inspiradora do Código haver revisto a sua opinião, neste aspecto, para modificá-la sensivelmente. Já não possui, por isso o CPC a base doutrinária em que antes se apoiava. Nunca é desútil advertir que, no domínio da Ciência, a doutrina ocupa posição de preeminência, em cotejo com a norma legal, embora no terreno da normatividade aconteça o oposto. Em resumo: conquanto, no plano da doutrina, se possa sustentar que as condições da ação se encontram reduzidas a duas (legitimidade e interesse processual), sob o ponto de vista da legislação seguem sendo três (legitimidade, interesse processual e possibilidade jurídica do pedido)".

O CPC de 2015 parece haver atendido à nossa crítica, pois não incluiu a possibilidade jurídica do pedido no elenco das condições da ação, aludindo somente à legitimidade e ao interesse processual (art. 485, VI).

A propósito do assunto concernente à possibilidade jurídica do pedido, é oportuno mencionar a Súmula n. 192, IV, do TST, assim redigida: "Na vigência do CPC de 1973, é manifesta a impossibilidade jurídica do pedido de rescisão de julgado proferido em agravo de instrumento que, limitando-se a aferir o eventual desacerto do juízo negativo de admissibilidade do recurso de revista, não substitui o acórdão regional, na forma do art. 512 do CPC. (ex-OJ n. 105 da SBDI-2 - DJ 29.04.2003)".

Embora a Súmula  considere ser "manifesta" a impossibilidade jurídica, na situação de que ela trata, pensamos que, posto à frente o rigor da doutrina, não se cuida aí de impossibilidade jurídica do pedido, senão de que ausência de direito a amparar a pretensão, o que é coisa distinta.

## 2.2. Interesse processual

Houvesse de prevalecer o senso que o vocábulo interesse sugere ao vulgo, essa condição da ação estaria presente em todos os casos concretos, na medida em que o indivíduo sempre teria "interesse" de estar em juízo. O interesse, dentro do tecnicismo processual, não é algo que provenha de mera atitude subjetiva do indivíduo (possuo interesse nisso, possuo interesse naquilo etc.), se não que se subordina à necessidade que tenha na consecução do provimento jurisdicional, seja para reparar lesão perpetrada por outrem a direito seu, seja para impedir que essa ofensa se consume, seja para o que for. Quando menos, essa tutela jurisdicional corresponde a uma utilidade para o indivíduo, no que tange à preservação da incolumidade de seu círculo jurídico.

Alguns autores, como Invrea, não hesitaram em expender duras críticas à noção de interesse, julgando-a supérflua e sem utilidade prática, pois o interesse seria inerente ao próprio ingresso em juízo. Para ele, o princípio da liberdade jurídica não poderia sofrer restrições inúteis, motivo por que entendia que essa liberdade somente poderia ser limitada, em virtude de razão jurídica e não de simples exigência de interesse de agir. Dizia Invrea que a existência do direito de ação estava na dependência da presença dos seguintes fatores: a) um direito material alegado pela parte; b) uma causa legítima de agir contra certo indivíduo, consistente na violação do direito do autor, por parte desse indivíduo, ou na "necessidade de conseguir uma sentença em face daquela pessoa, para ter a plena atuação do seu direito"(55).

As objeções feitas por esse jurista à ideia de interesse são inconsistentes. Em primeiro lugar, o exercício do direito público subjetivo de ação, conforme vimos anteriormente, não depende da existência de um direito material; a ação se caracteriza, aos olhos da melhor doutrina moderna, como um direito abstrato de agir, importa dizer, que é autônomo em relação ao direito material que acaso se destina a proteger. Em segundo lugar, a causa legítima de agir, referida por Invrea, só seria justificável se o réu se recusasse a reparar, por sua iniciativa, a lesão do direito. Na hipótese de o réu desejar satisfazer, *sponte sua*, esse direito, é incontestável a falta de interesse do autor, em invocar a tutela jurisdicional do Estado.

Carnelutti também se opôs à noção de interesse. A opinião desse jurista só será adequadamente entendida se levarmos em conta as peculiaridades de sua doutrina, cujo conteúdo do processo não é a ação e sim a lide — caracterizada

---

(55) *Rivista di diritto processuale civile*, 1928, Parte I, p. 320.

como uma pretensão resistida e insatisfeita. Em Carnelutti, o interesse de agir aparece como simples reflexo da existência da lide; sendo assim, quando se diz que há uma lide e que, a respeito dela, se deve penetrar na relação a que se denomina *legitimatio*, "já se disse tudo; e o interesse de agir não representa senão a quinta roda do carro..."(56).

Dissentimos do grande pensador italiano quando não separa os conceitos de interesse e de legitimidade, encambulhando-os em um corpo comum. Ora, se alguém exercita uma pretensão rescisória de sentença que, embora tenha passado em julgado, lhe foi plenamente favorável, é evidente que não terá, em princípio, interesse de agir (qual, pois, a necessidade de obter um provimento rescindente?), conquanto não se lhe possa negar legitimidade para isso. Pode haver, portanto, legitimidade, sem que haja interesse; é o quanto basta para comprovar a necessidade de manter-se a individualidade dos conceitos dessas figuras.

Impunha o CPC de 1939 que o interesse fosse, além de legítimo, econômico ou moral (art. 2º); esclarece Pontes de Miranda que a exigência de que fosse legítimo o interesse foi introduzida no Código Civil (art. 76) por Clóvis Bevilacqua ao traduzir, equivocadamente, o texto italiano em que se inspirou(57). O vigente diploma processual civil alude, apenas, a **interesse** (art. 17), sem adjetivá-lo de legítimo, econômico ou moral. Interesse, porém, em sua acepção jurídica, não popular. De acordo com a orientação jurisprudencial sedimentada na Súmula n. 82, do TST, a propósito, "A intervenção assistencial, simples ou adesiva, só é admissível se demonstrado o interesse jurídico e não meramente econômico".

Estava na declaração (de princípio) do art. 3º do CPC de 1973: "**Para propor ou contestar ação é necessário ter interesse e legitimidade**" (destacamos). Havia nessa dicção legal, entretanto, um manifesto *minus dixit quam voluit*, pois ficava fora de qualquer dúvida que também para excepcionar, recorrer, reconvir, executar, enfim, para formular qualquer espécie de postulação em juízo exigia a presença do interesse, como condição da ação. É por esse motivo que, salvo exceções rareadas, haveria de ser declarado carecente da ação o indivíduo que tencionasse rescindir sentença de mérito que lhe fora inteiramente favorável. Que necessidade teria ele, na hipótese, de desconstituir a coisa julgada que veio ao (e não de) encontro de suas pretensões deduzidas na causa em que se formou esse fenômeno jurídico? Ou, que utilidade lhe representaria a eliminação do universo jurídico a sentença rescindenda favorável? Mais uma vez, parece que o CPC de 2015 não fez ouvidos moucos à nossa observação, porquanto o seu art. 17 declara que "**Para postular em juízo** é necessário ter interesse e legitimidade" (destacamos). A expressão legal: "para postular em juízo" não incide no mesmo equívoco

---

(56) Lite e processo, in *Studi di diritto processuale*, vol. III, p. 21.

(57) Ob. cit., p. 155.

do legislador de 1973, que procurou especificar os casos em que seria exigível o interesse processual.

Sendo pressuposto legal (CPC, art. 966, *caput*) para a admissibilidade da rescisória o trânsito em julgado da sentença rescindenda, parece acertado concluir-se que se o autor ingressar com ação dessa natureza quando a sentença ainda pode ser impugnada pela via recursal, a consequência será a pronúncia da carência da ação: que se valha do recurso e não da rescisória. Concluimento que tal se colocaria, contudo, em patente antagonismo com a moderna inteligência doutrinária, para a qual é no momento de proferir a decisão que o juiz deve verificar se o interesse existe, ou não. Segue-se, que se o interesse existia ao tempo do ingresso em juízo, mas desaparecido estava quando do proferimento da sentença, o autor deverá ser declarado carecedor da ação; se, ao contrário, esse interesse inexistia quando do ajuizamento da inicial, mas surgiu no curso do processo e se manteve até o instante em que a decisão seria emitida, não se poderá pensar em carência da ação. Logo, na situação que hipoteticamente concebemos, ou seja, de o autor aforar a rescisória quando a sentença rescindenda ainda era recorrível, não deverá o tribunal declará-lo carecente da ação se, na oportunidade do julgamento desta (o que seria altamente provável), o prazo para a interposição de recurso da sentença que se deseja desconstituir houvesse se esgotado em branco. O interesse, a princípio ausente, posteriormente aflorou de maneira concreta, afastando, com isso, o pressuposto para o lançamento do decreto de inépcia. Cogitamos, na espécie em tela, de preclusão do direito de recorrer porque se a parte houvesse interposto recurso e antes que esse fosse julgado ingressasse com a rescisória (sem desistir daquele), a carência, quanto a esta, seria inevitável, pois é viável que obtivesse, com o provimento do apelo, a "reforma" da sentença rescindenda. Demais, a rescisória, ao ser posta em juízo, encontraria a sentença ainda pendente de recurso — circunstância que impediria o prosseguimento desta, por força da regra inscrita no *caput* do art. 966, do CPC.

A despeito das razões aqui expendidas, a Súmula n. 299, III, do TST, dispõe: "A comprovação do trânsito em julgado da decisão rescindenda é pressuposto processual indispensável ao tempo do ajuizamento da ação rescisória. Eventual trânsito em julgado posterior ao ajuizamento da ação rescisória não reabilita a ação proposta, na medida em que o ordenamento jurídico não contempla a ação rescisória preventiva. (ex-OJ n. 106 da SBDI-2 - DJ 29.04.2003)".

Embora não concordemos com o teor dessa Súmula, reconhecemos que, do ponto de vista prático, será conveniente à parte acatá-la, sob pena de ter a sua petição inicial de ação rescisória liminarmente indeferida, pelo relator.

Enuncia a Súmula n. 514 do STF que a ação rescisória é admissível contra sentença passada em julgado, "ainda que contra ela não se tenham esgotado todos os recursos". Quer com isso dizer a Súmula, por outras palavras, que o direito de pedir a desconstituição da sentença não está condicionado a que o autor tenha interposto recurso dessa decisão. Ainda: observado o pressuposto do trânsito em julgado, estará dotada de interesse para deduzir uma pretensão rescisória a parte que não tenha interposto recurso da sentença rescindenda. Não se pode excogitar, nesse caso, de preclusão lógica do direito de aforar a rescisória, simplesmente porque inexiste qualquer nexo entre o exercício de ambos os direitos. É regra de prudência insistir em que a ação rescisória instaura uma nova relação jurídica processual, não representando, como se pudesse imaginar, um prolongamento da relação estabelecida no processo de que se originou a sentença rescindenda.

Sintetizando o quanto até aqui dissertamos sobre o interesse processual: essa condição não é algo supérfluo, redundante, ou a "quinta roda do carro", como supôs Carnelutti e sim um elemento indispensável para ensejar um juízo acerca da necessidade da tutela jurisdicional invocada pelo indivíduo. Negar o interesse será admitir que o ingresso em juízo possa ocorrer por motivos meramente caprichosos ou aventureiros.

Convém reproduzirmos, neste momento, a título ilustrativo de nossas considerações, uma Orientação Jurisprudencial da SBDI-II, do TST, e duas Súmulas, do mesmo Tribunal, atinentes ao tema, comentando-as em seguida.

OJ n. 21: "Ação rescisória. Duplo grau de jurisdição. Trânsito em julgado. Inobservância. DL n. 779/69, art. 1.º, V. Incabível. Incabível ação rescisória para a desconstituição de sentença não transitada em julgado porque ainda não submetida ao necessário duplo grau de jurisdição, na forma do Decreto-Lei n. 779/69. Determina-se que se oficie ao Presidente do TRT para que proceda à avocatória do processo principal para o reexame da sentença rescindenda".

Comentário: Como se sabe, por força do disposto no inciso V, do art. 1º, do Decreto-Lei n. 77/1969, constitui prerrogativa da União, dos Estados, do Distrito Federal e dos Municípios, assim como das autarquias e das fundações de direito público (*sic*) federais, estaduais ou municipais, que não explorem atividade econômica, o "recurso ordinário ex officio (*sic*)" das decisões que lhes sejam desfavoráveis, no todo ou em parte. Para logo, é necessário observar que a expressão legal: "recurso ordinário *ex officio*" é inadequada, quase teratológica, pois o que se tem, no caso, é remessa obrigatória dos autos ao Tribunal, a fim de que este proceda ao reexame necessário da matéria. Em melhor técnica, estabelece o art. 496, do CPC, estar "sujeita ao duplo grau de jurisdição, não produzindo efeito senão depois de confirmada pelo tribunal, a sentença: I – proferida contra(sic) a União, os Estados, o Distrito Federal, os Municípios e suas respectivas autarquias e fundações de direito público (*sic*) ; II – [...]". Observe-se, porém, que, em rigor, a ação não é proposta "contra" o réu, mas, em face deste. Pois bem. Se alguém ingressar com ação rescisória de sentença ou acórdão não submetido ao reexame necessário, deverá ser declarado carecedor da ação, pois pretende rescindir um pronunciamento jurisdicional ainda não transitado em julgado (CPC, art. 966, *caput*). Falta a essa pessoa, portanto, o indispensável interesse processual, como condição para o exercício da ação (CPC, art. 17), cuja consequência será a extinção do processo sem exame do mérito (CPC, art. 485, inciso VI). Sendo assim, referida pessoa poderá ingressar, novamente, com ação rescisória quando ocorrer, efetivamente, o trânsito em julgado da decisão que pretende desconstituir. Esclarece, ainda, a OJ em questão que deverá ser oficiado ao Presidente do Tribunal Regional, para que este avoque os autos do processo principal, com vistas a proceder ao reexame necessário, como determina o § 1º, do art. 496, do CPC.

Súmula n. 192: "III – Sob a égide do art. 512 do CPC de 1973, é juridicamente impossível o pedido explícito de desconstituição de sentença quando substituída por acórdão do Tribunal Regional ou superveniente sentença homologatória de acordo que puser fim ao litígio".

Comentário: Não cremos tratar-se, no caso, de pedido juridicamente impossível, e sim de falta de interesse processual, conquanto o resultado seja o mesmo: a extição do processo sem pronunciamento acerca do mérito, derivante dessa carência da ação. Entendemos haver, na situação prevista na Súmula em exame, falta de interesse processual porque o autor está pretendendo rescindir algo que, em verdade, já não existe, pois se a sentença rescindenda (para cogitarmos desta) foi substituída pelo acórdão (CPC, de 1973, art. 512; CPC de 2015, art. 1.008 ), é este, e não aquela, que deve ser objeto de ação rescisória. Como não há norma legal que proíba a possibilidade de a rescisória dirigir-se a pronunciamento jurisdicional substituído por outro, não nos parece correto falar em pedido juridicamente imposível, e, sim, em carência da ação, por falta de interesse processual.

Súmula n. 299: "IV - O pretenso vício de intimação, posterior à decisão que se pretende rescindir, se efetivamente ocorrido, não permite a formação da coisa julgada material. Assim, a ação rescisória deve ser julgada extinta, sem julgamento do mérito, por carência de ação, por inexistir decisão transitada em julgado a ser rescindida. (ex-OJ n. 96 da SBDI-2 - inserida em 27.09.2002)".

Comentário: Se a parte não foi intimada da decisão rescindenda, entende-se que não se deu o fenômeno da coisa julgada material, pressuposto para o exercício da ação rescisória. A consequência será a extinção do processo, sem julgamento do mérito, em virtude da falta de interesse processual do autor.

### 2.3. Legitimidade *ad causam*

A legitimidade para a causa (*ad causam*) não se confunde com a legitimidade para o processo (*ad processum*); a primeira concerne ao direito de ação; a segunda, à relação jurídica processual. Um menor de dezoito anos (CLT, art. 792), e.g., embora tenha legitimidade para determinada ação, não a tem para figurar na relação jurídica que se estabelece no processo.

A legitimidade *ad causam* tanto pode ser ativa (autor) ou passiva (réu), e a sua falta conduz ao decreto judicial de carência da ação (CPC, art. 485, VI). A *legitimatio* passiva significa que deve integrar a relação processual apenas a pessoa que seja titular da obrigação relativa ao direito invocado pela parte adversa. Essa "pertinência subjetiva da ação", a que aludiu Alfredo Buzaid, traduz-se na individualização daquele a quem pertence o interesse de agir e daquele diante do qual é formulada a pretensão *in iudicio*. Daí vem que, por princípio, somente os titulares dos interesses em antagonismo se encontram legalmente legitimados para atuar em juízo. Liebman já chamava a atenção ao fato de a legitimidade corresponder a um "problema de dupla face", pois envolve a pertinência ao autor, no interesse de invocar a tutela jurisdicional, e a pertinência ao réu, no que tange ao interesse de opor-se, juridicamente, à realização da pretensão manifestada pelo autor.

As considerações acima são apropriadas à legitimação *ad causam* ordinária; na extraordinária, que configura a substituição processual, a lei atribui legitimidade para agir em juízo a quem não é titular do direito que dá conteúdo à pretensão (CPC, art. 18): invoca-se, em nome próprio, a tutela jurisdicional, para a defesa de direitos ou interesses alheios. Dessa legitimação anômala cuidaremos em linhas adiante.

Um dos deslizes inveterados, em que vem incorrendo, teimosamente, a doutrina e a jurisprudência trabalhistas, consiste em considerar o autor carecente da ação toda vez que não ficar comprovada a alegada relação de emprego com o réu. A carência, na espécie, promanaria do fato de o réu ser parte ilegítima para integrar o polo passivo da relação jurídica processual. *Venia concessa*, desde que demonstrada, pelo autor, a prestação pessoal de serviços, é óbvio que o réu surge como a única pessoa legitimada para reagir àquela pretensão. A entender-se de modo diverso, quem possuiria, então, legitimidade para responder à ação? A única transigência que aceitamos fazer, nesse assunto, é de que o autor venha a ser declarado carecente da ação em decorrência de haver formulado as suas pretensões em face de pessoa distinta daquela para a qual efetivamente prestou serviços. Nesse caso, estaria ausente a "pertinência subjetiva" de que falaram Liebman e Buzaid.

O problema que estamos a examinar não só apresenta importantes aspectos de ordem prática, como interessa, intimamente, ao estudo da ação rescisória. Vejamos:

A predominar o parecer de que a inexistência de relação de emprego implica o proferimento de sentença declaratória da carência da ação (por ser o réu, supostamente, parte ilegítima), ocorreria a extinção do processo sem julgamento do mérito, a teor do art. 485, VI, do CPC, vez que ausente uma das condições da ação. Sendo assim, esse pronunciamento jurisdicional não poderia ser objeto de ação rescisória, embora se permitisse ao autor intentar, mais uma vez, a ação (CPC, art. 486). Apreciada a questão à luz do rigor científico, no entanto, veremos que a inexistência de relação de emprego jamais poderá motivar a emissão de um decreto jurisdicional declarativo de carência da ação. Sem embargo, em situações que tais, não apenas o réu é parte legítima para responder às pretensões postas em juízo pelo autor, como a sentença será sempre de mérito, ainda que não reconheça a existência de um contrato de trabalho entre as partes. Relação de emprego é mérito, da mesma forma como a essa classe pertencem os demais pedidos apresentados (aviso prévio, indenização, férias, gratificação natalina etc.). Com isso, estamos asseverando — heterodoxamente, é certo — que será passível de desconstituição, pela via rescisória, a sentença que não reconheça o vínculo de emprego alegado pelo autor, pois o que houve, aí, foi, sem rebuços, a rejeição jurisdicional a esse pedido de mérito. Não há como negar, por isso, o atendimento ao pressuposto fundamental de que se ocupa o art. 966, *caput*, do CPC.

Iteremos: carência haverá se o autor deduzir as suas pretensões diante de pessoa que não corresponda àquela para a qual realmente prestou serviços. Fora disso, será perpetrar graves infrações a princípios essenciais da ciência jurídico-processual; será confessar desconhecimento a respeito da verdadeira noção de legitimidade, no sistema das condições da ação, consagrado pelo texto processual civil — e metido supletivamente no processo do trabalho por intermédio do art. 769, da CLT. Vínculo de emprego traduz inequívoca pretensão de direito material, que dá conteúdo à lide. Logo, o ato jurisdicional que aprecia a relação jurídica havida ou existente entre o réu e o autor é de mérito, ainda que conclua que essa relação não era regida pelo Direito do Trabalho. Logo, é rescindível, desde que se verifique uma das situações previstas nos incisos I a VIII, do art. 966, do CPC.

### 2.4. A legitimidade para a ação rescisória

Análise especial deve ser dedicada à legitimidade em sede de ação rescisória.

#### *2.4.1. Legitimidade ativa*

Dela se ocupa o art. 967 do CPC, que permite o exercício desse direito de ação: a) a quem foi parte no processo ou o seu sucessor a título universal ou singular; b) ao terceiro juridicamente interessado; c) ao Ministério Público: 1. se não foi ouvido no processo, em que era obrigatória a intervenção; 2. quando a sentença é o efeito de colusão das partes, a fim de fraudar a lei; 3. em outros casos em que se imponha a sua atuação.

a) Parte ou sucessor

A referência legal à parte deve ser entendida em sentido amplo, nesse conceito se compreendendo não somente o autor e o réu, mas os litisconsortes (CPC, art. 113), os assistentes (CPC, art. 119), os opoentes (CPC, art. 682), os denunciados à lide (CPC, art. 125) e os chamados ao processo (CPC, art. 130), contanto que tenha sido admitida, no processo em que foi tirada a sentença rescindenda, essa modalidade de intervenção de terceiros.

O que deve ser sublinhado, em especial, é o fato de o autor, na rescisória, poder ser não apenas o (mesmo) autor na ação cuja sentença se pretende desconstituir, mas o próprio réu, que nessa qualidade tenha figurado na mencionada causa. A *legitimatio* para a rescisória é daquele que tenha sido parte no processo anterior, pouco importando em que polo dessa relação jurídica se tenha situado. O que se exige, para o ajuizamento dessa ação, a par da legitimidade, é o interesse processual, que se avalia segundo a necessidade que a parte possua em conseguir um provimento jurisdicional desconstitutivo da coisa julgada que está a molestar a sua esfera jurídica.

Considerando o longo prazo que a lei fixa para o exercício da pretensão rescisória (hoje, dois anos; antes, cinco anos), poderia acontecer de, ao ser descoberta a existência de uma causa que autorize o ajuizamento de ação dessa natureza, já se encontrar, digamos, falecido o titular dessa pretensão. Daí decorre a razão de o legislador haver concedido legitimidade ativa também ao sucessor da pessoa que foi parte no processo que culminou com a sentença rescindenda. Percebe-se, diante disso, que em matéria jurídica nem sempre tem incidência a parêmia latina *mors omnia solvit*, porquanto o falecimento do titular do direito de ação faz com que se opere, por força de lei, a transferência desse direito ao seu sucessor.

Para esse fim, não se há que indagar se a sucessão se deu a título universal ou particular, pois em ambos os casos o sucessor estará legitimado para ingressar com a rescisória, com o objetivo de promover a defesa dos direitos ou interesses do sucedido. O que se requer, para tanto, é a prova do falecimento daquele que figura como parte na sentença rescindenda e da qualidade de sucessor daquele que vem a juízo pretendendo desfazer a coisa julgada.

A regra do art. 967, I, do CPC, se harmoniza com a estampada no art. 75, VII, do mesmo diploma processual. A diferença entre espólio e herdeiro está em que, lá, a herança se acha indivisa, ao passo em que, aqui, já foram partilhados os bens que integravam o acervo.

A menção que fizemos, há pouco, ao litisconsorte, como parte no processo, nos aconselha a dedicar mais algumas linhas a esse fenômeno de pluralidade subjetiva. Antes, porém, a nossa advertência de que não se deve confundir essa pluralidade com a objetiva. Aquela, como a sua própria denominação espelha, traduz uma multiplicidade de pessoas a atuar no mesmo polo da relação jurídica processual; daí, a existência de litisconsórcio ativo e de litisconsórcio passivo. A pluralidade objetiva decorre da cumulação de pedidos; aqui, não se pode pensar em litisconsórcio.

Os pressupostos legais para a formação do regime litisconsorcial são: a) a existência, entre duas ou mais pessoas, de comunhão de direitos ou de obrigações pertinentes à lide (CPC, art. 113, I); b) a presença, entre as causas, de conexão pelo pedido ou pela causa de perdir (II); c) a ocorrência de afinidade de questões por um ponto comum de fato ou de direito (III).

O litisconsórcio, de que cuida o art. 113 do álbum processual civil, é o facultativo e sua constituição atende a princípios de economia processual, na medida em que o procedimento judicial será um só.

Desse modo, será **unitário** o litisconsórcio quando, "pela natureza da relação jurídica, o juiz tiver de decidir o mérito de modo uniforme para todos os litisconsortes" (CPC, art. 116).

O litisconsórcio **necessário** vem definido no art. 114 do mesmo Código: "O litisconsórcio será necessário por disposição de lei ou quando, pela natureza da relação jurídica controvertida, a eficácia da sentença depender da citação de todos que devam ser litisconsortes".

Para que dúvidas não ocorram: o traço caracterizador do litisconsórcio **unitário** é a exigência da uniformidade do pronunciamento jurisdicional em relação a todos os que se encontrarem em juízo; já o litisconsórcio **necessário** tem origem no direito material, que declara titulares do direito (ativo) ou da obrigação (passivo) diversos indivíduos, considerados englobadamente, motivo por que nenhum deles, individualmente, ostenta essa titularidade. Tomados de modo isolado, não possuem legitimidade para estar em juízo. Por esse motivo, a eficácia da sentença depende da citação de todos eles.

Como está na dicção do art. 116, do CPC, a uniformidade da sentença para todas as partes emana da natureza da relação jurídica. Podemos citar, à guisa de exemplo, a declaração de nulidade de um contrato de trabalho: a sentença não pode considerar nulo o contrato apenas em relação a uma das partes; o que é nulo o é para ambas. Daí, a necessidade de a sentença ser uniforme (igual para o empregado e o empregador). Façamos uma ponderação: a uniformidade do pronunciamento jurisdicional também pode decorrer de **disposição legal**, e não apenas da natureza da relação jurídica. Sirva como exemplo o pedido relativo ao adicional de periculosidade formulado por "frentistas" de um posto de combustível: provado que todos exercem essa função, aquele plus pecuniário será devido, por força de lei, à totalidade dos "frentistas" constituídos em regime litisconsorcial ativo.

É oportuno mencionar, nesta altura, a Súmula n. 406, do TST, segundo a qual: "AÇÃO RESCISÓRIA. LITISCONSÓRCIO. NECESSÁRIO NO POLO PASSIVO E FACULTATIVO NO ATIVO. INEXISTENTE QUANTO AOS SUBSTITUÍDOS PELO SINDICATO (conversão das Orientações Jurisprudenciais n.s 82 e 110 da SBDI-2) - Res. 137/2005, DJ 22, 23 e 24.08.2005. I - O litisconsórcio, na ação rescisória, é necessário em relação ao polo passivo da demanda, porque supõe uma comunidade de direitos ou de obrigações que não admite solução díspar para os litisconsortes, em face da indivisibilidade do objeto. Já em relação ao polo ativo, o litisconsórcio é facultativo, uma vez que a aglutinação de autores se faz por conveniência e não pela necessidade decorrente da natureza do litígio, pois não se pode condicionar o exercício do direito individual de um dos litigantes no processo originário à anuência dos demais para retomar a lide. (ex-OJ n. 82 da SBDI-2 - inserida em 13.03.2002)."

Temos uma pequena objeção a essa OJ, na parte em que afirma ser meramente **facultativa** a formação de um regime listisconsorcial ativo. Embora assim seja, na larga maioria dos casos, não podemos negar a possibilidade de esse tipo de litisconsório ser **necessário**, em determinadas situações, como quando, por exemplo, ficar evidente que as demais pessoas que participaram do polo passivo da relação processual que se findou com a decisão rescindenda possuem interesse em participar do polo ativo da ação rescisória, considerando-se que a esfera jurídica dessas pessoas poderá ser gravemente afetada pelo acórdão que se busca rescindir. Não é de boa técnica, nem de bom senso, fazer-se afirmações absolutas no campo jurídico, como fez a Súmula em questão, pois a realidadade é muito mais complexa do que possa imaginar o legislador ou o próprio Poder Judiciário.

Na hipótese de passar em julgado a sentença emitida sem que terceiros devessem ser chamados, como exige o art. 114 do CPC, será admitida ação rescisória, com fulcro no art. 966, V, do mesmo estatuto processual, pois, a nosso ver, estará configurada a manifesta violação de norma jurídica, de que fala esse dispositivo.

Estabelece, de outra parte, o art. 117 do CPC que, exceto no no litisconsórcio unitário, os litisconsortes serão considerados, em suas relações com a parte adversa, como litigantes distintos; por isso, os atos ou as omissões de um não prejudicarão os outros, embora os possam beneficiar.

A independência dos litisconsortes, prevista nessa regra legal, não é apenas em relação à parte contrária, alcançando, por igual, os próprios compartes. Cumpre elucidar que dita independência é característica do regime litisconsorcial do tipo facultativo, porquanto no unitário, ao reverso, a nota marcante é a da interdependência dos litisconsortes.

A propósito, cremos ser oportuno indicarmos a classificação dos diversos regimes litisconsorcias existente no sistema do processo civil. Ei-la:

1. Quanto ao momento da constituição:

1.1. originário;

1.2. superveniente.

2. Quanto à obrigatoriedade, ou não, da formação:

2.1. necessário;

2.2. facultativo.

3. Quanto à posição das partes no plano do direito material:

3.1. simples;

3.2. unitário.

4. Quanto à posição das partes na relação processual:

4.1. ativo;

4.2. passivo;

4.3. misto.

b) Terceiro juridicamente interessado

Chiovenda observa que o terceiro pode posicionar-se diante da sentença em uma das três situações a seguir enunciadas:

1) terceiros absolutamente indiferentes, pois não lhes é permitido obstar a formação de sentença, cabendo-lhes, ao contrário, apenas reconhecer o julgado;

2) terceiros que não se encontram obrigados a reconhecer a sentença, porquanto detêm a titularidade de uma relação jurídica inconciliável com a relação decidida; neste caso, o reconhecimento do julgado lhes traria prejuízos de ordem jurídica. Essa classe de terceiros pode defender-se, em face da sentença, argumentando tratar-se de *res inter alios iudicata*. Levando em conta, contudo, que a presença de um pronunciamento jurisdicional contrastante com o seu direito pode corresponder a um obstáculo à plena fruição deste, consente-lhe a norma legal: a) impedir a formação da sentença, intervindo no processo em defesa de seus direitos ou interesses; b) opor-se, sem limites e sem termo, à sentença já constituída;

3) terceiros que não podem deixar de reconhecer o julgado, em virtude de serem titulares de uma relação jurídica compatível com a relação decidida[58].

O direito processual brasileiro perfilhou esse sistema, embora mediante a adoção de institutos análogos. Dessa maneira, o terceiro, que deveria ter integrado a relação processual na qualidade de litisconsorte necessário, terá legitimidade (e interesse, por suposto) para arguir o fato de a sentença constituir *res inter alios iudicata*. Igual direito ser-lhe-á concedido se, devendo figurar no processo como litisconsorte facultativo, houver ficado à margem do processo. Seja como litisconsorte necessário ou como facultativo, o terceiro poderá, nas hipóteses

(58) Ob. cit., p. 421.

mencionadas, interpor os recursos cabíveis da sentença e, se esta já passou em julgado, fazer uso da ação rescisória, como expressa o art. 487, II, do CPC.

Note-se: para que a pretensão rescisória possa ser regularmente exercitada pelo terceiro, há necessidade de que o seu interesse — como uma das condições da ação: CPC, art. 3º — seja jurídico, pois o meramente econômico não basta. Nesse sentido é, translúcida a declaração insculpida no art. 967, II, do atual diploma processual civil. No processo do trabalho, a propósito, por obra da doutrina e da jurisprudência o interesse jurídico tem sido elevado à categoria de critério ou de requisito para a admissibilidade da intervenção de terceiros ou de assistentes, cabendo lembrar, no que respeita a estes, a orientação sedimentada pela Súmula n. 82, do TST.

A oportunidade sugere-nos reafirmar que a vogante definição de terceiro, segundo a qual é todo aquele que não é parte no processo, revela-se insatisfatória, pois se é verdadeiro que, em regra, terceiro é efetivamente quem não participou da relação processual, não menos exato é que, em determinadas situações particulares, aquele que se encontra em um dos polos dessa relação pode, nada obstante a isso, agir na qualidade de terceiro. O art. 674 do CPC equipara a terceiro "Quem, não sendo parte no processo, sofrer constrição ou ameaça de constrição sobre bens que possua ou sobre os quais tenha direito incompatível com o ato constritivo".

Sendo assim, o indivíduo que embora tenha sido parte no processo onde foi proferida a sentença de mérito e aí tenha oferecido embargos de terceiro na forma do art. 674, do CPC, estará legitimado também como terceiro para tentar desconstituir não só esta como também aquela sentença.

Já o opoente, o denunciado à lide e o chamado ao processo deixam de ser terceiros e convertem-se em parte no momento em que são admitidos a intervir no processo.

Uma nota final sobre o assunto: o terceiro que interveio no processo onde foi proferida a sentença rescindenda está legitimado para exercer a pretensão rescisória; *a contrario sensu*, faltar-lhe-á legitimidade para isso toda vez que a sua intervenção no processo de que se originou a decisão rescindenda houver sido negada.

c) Ministério Público

Em três casos, pelo menos, o Ministério se encontra legalmente legitimado para ajuizar ação rescisória:

1) se não foi ouvido no processo em que lhe era obrigatória a intervenção. Dá-se que se a interveniência do órgão do Ministério Público era indispensável, mas esta não ocorreu, haverá nulidade do processo a contar desse momento

(CPC, art. 967, III, a). Sob certo aspecto, terá havido violação do art. 178 do CPC, de tal maneira que a rescisória encontrará fundamento no art. 966, V, do CPC, que se refere à manifesta violação à "norma jurídica" 3;

2) quando a decisão rescindenda é o efeito de simulação ou de colusão das partes, a fim de fraudar a lei. O conteúdo ético do processo como método ou técnica de solução estatal monopolística dos conflitos de interesses, exige que o juiz, convencendo-se, pelas circunstâncias da causa, de que as partes se valeram do processo para praticar ato simulado ou conseguir objetivo defeso por lei profira sentença que iniba esse propósito (CPC, art. 142). Caso, porém, essa colusão das partes não tenha sido percebida pelo magistrado, poderá o Ministério Público, após o trânsito em julgado da sentença, ingressar com ação rescisória, estribado no art. 967, III, "b", do CPC. Observe-se, entretanto que a legitimidade do Ministério Público, para exercer essa pretensão, não está condicionada a que este houvesse intervindo na causa na qual foi prolatada a decisão rescindenda, como fiscal da lei.

Ainda com respeito à colusão das partes, com o fito de violar a lei, cumpre-nos destacar que o sujeito passivo dessa fraude processual é o magistrado, pois em se tratando de dolo bilateral, seria ilógico pensar que a vítima fosse um dos litigantes. Oportuna, por isso, a lição de Guarneri Citati de que na colusão o dolo não tem como destinatária a parte contrária, pois esta "não somente conhece a fraude e a consente, mas é ela própria que a quis e a quer, de acordo com a outra parte. Portanto, nenhuma das duas age dolosamente perante a outra porque ambas o concertaram e concorreram para efetivá-lo. Portanto, a sentença que é efeito da colusão não se pode dizer devida ao dolo de uma das partes mas é fruto do dolo de ambas. E, uma vez que em nenhum caso a colusão se dirige contra a parte adversária, essa não pode ter como sujeito passivo senão o juiz, para cujo engano concorrem ambos os contendores"[(59)].

Dessa forma, se o próprio juiz é a vítima da colusão das partes, como fraude processual, torna-se absolutamente lógico concluir que unicamente o Ministério Público terá legitimidade (e interesse) para pedir a rescisão do julgado. É óbvio que nenhuma das partes poderia ingressar com a rescisória, porquanto a colusão foi obra de ambas; supor que o juiz estaria legitimado a tanto seria algo insensato e dissociado da previsão legal. Como frisa Bueno Vidigal, em nosso meio consagrou-se a ficção de que o Ministério Público é a própria justiça ("como se esta pudesse ter personalidade jurídica e não fosse uma abstração")[(60)].

3) em outros casos em que se imponha sua atuação (CPC, art. 967, III, "c")

---

(59) *Apud* Francesco Carnelutti, *Studi di diritto processuale*. Padova: Cedam, 1939. p. 118.

(60) *Comentários ao código de processo civil*. 2. ed. São Paulo: Revista dos Tribunais, 1976. vol. VI, p. 188.

Há, todavia, certa controvérsia jurisprudencial sobre se o rol de situações mencionadas nas letras "a" e "b", do inciso III, do art. 967, do CPC, que legitimam o exercício da ação rescisória pelo Ministério Público, é taxativo, ou meramente exemplificativo. Inclinamo-nos por esta última posição. Assim dizemos, porque não nos parece razoável impedir o Parquet de, no exercício de suas relevantes atribuições constitucionais, fazer uso da ação rescisória quando estiver em causa, por exemplo, o interesse público indisponível. Não podemos nos esquecer que, nos termos do art. 127, *caput*, da Constituição Federal, o Ministério Público constitui "instituição permanente, essencial à função jurisdicional do Estado, incumbindo-lhe **a defesa da ordem jurídica**, do regime democrático e dos **interesses sociais e individuais indisponíveis**" (destacamos). Nessa mesma linha de entendimento está a Súmula n. 407, doTST: "AÇÃO RESCISÓRIA. MINISTÉRIO PÚBLICO. LEGITIMIDADE "AD CAUSAM" PREVISTA NO ART. 967, III, "A", "B" E "C" DO CPC DE 2015. ART. 487, III, "A" E "B", DO CPC DE 1973. HIPÓTESES MERAMENTE EXEMPLIFICATIVAS (nova redação em decorrência do CPC de 2015) – Res. 208/2016, DEJT divulgado em 22, 25 e 26.4.2016.

A legitimidade "*ad causam*" do Ministério Público para propor ação rescisória, ainda que não tenha sido parte no processo que deu origem à decisão rescindenda, não está limitada às alíneas "a", "b" e "c" do inciso III do art. 967, do CPC, de 2015 (art. 487, III, "a" e "b", do CPC de 1973), uma vez que traduzem hipóteses meramente exemplificativas (ex-OJ n. 83 da SBDI-2 - inserida em 13.3.2002)".

Falhou a Súmula, apenas, ao deixar de indicar a razão jurídica pela qual essas situações são meramente exemplificativas. A razão jurídica, conforme dissemos há pouco, reside no comprometimento do interesse público assinalado pela indisponibilidade dos direitos e interesses que estiverem em jogo na causa.

No plano da Justiça do Trabalho, não são raros os casos em que o Ministério Público interpõe recurso (ordinário) dos acórdãos que dirimem conflitos coletivos ("dissídios coletivos"), fazendo-o na qualidade de parte; como o órgão jurisdicional *ad quem* é o TST, é a Procuradoria Geral quem exara parecer nesses autos, como fiscal da lei. Na espécie em exame, o Ministério Público possui legitimidade para ajuizar ação rescisória, pois é parte no processo (CPC, art. 967, I).

d) A questão do sindicato como substituto processual

Como estamos a investigar o assunto pertinente à legitimidade ativa em sede de ação rescisória, é de grande interesse prático e doutrinário que nos detenhamos no problema do sindicato agindo na qualidade de substituto processual, especialmente com vistas ao exercício de pretensões rescisórias.

É certo que não se amolda ao objetivo geral desta obra empreendermos um exaustivo estudo acerca da substituição processual; algumas considerações, contudo — ainda que superficiais — sobre esse fenômeno são imprescindíveis para o exato entendimento dessa substituição anômala.

O princípio medular, que vem de nosso sistema processual, é de que a ninguém será dado postular, em nome próprio, direito alheio (CPC, art. 18, primeira parte). Isso corresponde a afirmar que a legitimidade para provocar o exercício da função jurisdicional coincide com a titularidade do direito material que se visa a proteger com essa provocação; como esse é o princípio, torna-se evidente que as exceções a ele devem estar expressamente ressalvadas em lei. O ordinário se presume e o extraordinário se prova (Malatesta).

O instituto da substituição processual encontra a sua razão de ser em determinadas conveniências de ordem prática, associadas, quase sempre, no plano do processo do trabalho, à preocupação legislativa de colocar os trabalhadores fora das injunções do empregador, que seguramente seriam praticadas se estes devessem ingressar, por si próprios, em juízo.

Quem se dedicou com maior profundidade à investigação desse fenômeno foi Josef Köhler, que a ele se referiu como estado processual (Prozesstandschaft), embora caiba a Chiovenda o mérito de haver empregado, pela primeira vez, a expressão substituição processual.

A possibilidade de agir na qualidade de substituto processual dos integrantes da categoria constitui velho anseio dos sindicatos brasileiros. Esse desiderato, em pequena medida foi atendido pelos arts. 195, § 2º, e 872, parágrafo único, da CLT e por umas poucas normas legais extravagantes.

Teria, contudo o inc. III, do art. 8º, da atual Constituição da República acolhido por inteiro, esse anseio das entidades sindicais de nosso país? É proveitoso rememorar que esse dispositivo legal se encontra assim redigido: "ao sindicato cabe a defesa dos direitos e interesses coletivos ou individuais da categoria, inclusive em questões judiciais ou administrativas".

A um primeiro lançar de olhos, tudo parece recomendar que se responda de maneira afirmativa à indagação acima formulada, diante da expressão literal da Suprema Carta, que parece não deixar dúvida a respeito.

Não é bem assim.

Nem mesmo por antonomásia se poderia sustentar que o constituinte teria utilizado o substantivo defesa (da categoria) como sinônimo de substituição processual. Ora, em nosso sistema legal, o sindicato também pode defender os interesses da categoria: a) como representante processual (CLT, art. 839, a); b) como assistente processual (CPC, art. 119; TST, Súmula n. 82); c) impetrante de mandado de segurança coletivo, (Const. Federal, art. 5º, inciso LXX, letra "b"); d) autor de ação direta de inconstitucionalidade, desde que a entidade seja de âmbito nacional (Const. Federal, art. 103, inciso IX); e mesmo c) como prestador de assistência judiciária gratuita (Leis ns. 5.584/1970, art. 14, e 10.228/2001). Logo, defender não significa, necessariamente, atuar como substituto processual. A dicção do inc. III o art. 8º da Constituição Federal se articula e se harmoniza, em rigor, com a representação processual, de que cuida o art. 839, a, da CLT, para cujo exercício o sindicato necessita de prévia autorização dos integrantes da categoria. O fenômeno da substituição processual, por sua vez, é algo extraordinário (daí, falar-se em legitimação anômala), razão pela qual agride o senso ordinário presumir-se que o referido preceito constitucional aluda, ainda que implicitamente, a esse fenômeno invulgar.

Não ignoramos que no texto constitucional elaborado pela Comissão Provisória (art. 344, § 3º), instituída pelo Decreto n. 91.450, de 18 de julho de 1985, assim como no Projeto da Comissão de Sistematização, havia expressa referência à qualidade do sindicato como substituto processual. Este último dispunha, no art. 10, § 3º: "À entidade sindical cabe a defesa dos direitos e interesses da categoria, individuais ou coletivos, inclusive como substituto processual em questões judiciais ou administrativas" (destacamos). No texto finalmente aprovado, e que se converteu no atual inc. III do art. 8º, entretanto, já não se emprega a expressão "substituto processual". Para nós, essa estirpação deve ser interpretada como manifesta intenção do constituinte em não atribuir ao sindicato essa qualidade. Se é certo que a lei não contém termos inúteis, não menos verdadeiro é que a supressão de termos não deve ser considerada obra do acaso. Por que motivo, pois, o constituinte abandonou o emprego daquela expressão, a não ser por que julgou ser conveniente remeter ao legislador ordinário a disciplina dessa modalidade anômala de legitimação processual?

É verdade que um certo setor da doutrina — que perfilha entendimento oposto ao nosso — tem argumentado com excertos de transcrições efetuadas nos anais da Assembleia Nacional Constituinte para procurar demonstrar que esteve na intenção do legislador outorgar ao sindicato a qualidade de substituto processual, cuja expressão acabou sendo eliminada por supor-se que essa substituição estaria evidenciada no restante do texto. Diz-se, por exemplo, que discussão dessa natureza teria sido suscitada quando da votação da Emenda n. 1270, de autoria do Sr. Constituinte Vinícius Cansanção, que procurava retirar das atribuições das entidades sindicais a defesa dos interesses individuais da categoria. *Data venia*, em nenhum momento se debateu, aí, o problema respeitante à substituição processual. A polêmica circunscreveu-se ao exame da conveniência ou necessidade de o sindicato representar a categoria, com vistas à defesa de direitos individuais (em contraposição aos coletivos). O próprio Deputado Plínio de Arruda Sampaio, que se manifestou contrário à aprovação dessa Emenda, falou, em determinada altura: "Volto a pedir a atenção de V. Exas. para essa emenda, a fim de que neguem o voto à sua aprovação. O argumento é muito simples: um dos grandes avanços conseguidos por esta Constituição, ao contrário do que disse o nobre Constituinte Paes Landim, é a possibilidade de as associações representarem em juízo seus associados[...]" (destacamos). Aí está: tratou-se apenas, da representação da categoria, pelo sindicato, nunca de substituição desta.

Por outro lado, a declaração constante do inc. III, do art. 8º, da Constituição em vigor não traduz nenhuma novidade — capaz de provocar sobressalto nos espíritos atentos —, porquanto nada mais representa do que uma reprodução quase literal do teor do art. 513, da CLT, segundo o qual são prerrogativas do sindicato: "a) representar, perante as autoridades administrativas e judiciárias, os interesses gerais da respectiva categoria ou profissão liberal ou os interesses individuais dos associados relativos à atividade ou profissão exercida" (destacamos).

Não nos parece que a mera particularidade de o constituinte haver substituído o verbo **representar**, usado na redação do art. 513 da CLT, pelo **defender** tenha, por si só, o condão de transformar o sindicato em substituto processual, na generalidade dos casos. Houvesse o constituinte utilizado o verbo substituir (que, como vimos, estava nos textos anteriores) e, por certo, não estaríamos aqui a discordar de quantos vêem o inc. III, do art. 8º, como norma atributiva da qualidade de substituto processual ao sindicato. Conforme dissemos, a defesa a que alude esse dispositivo constitucional só pode ser entendida como a que é realizada na qualidade de representante, pois essa conclusão se harmoniza com a regra enunciada no art. 839, a, da CLT.

Demais, se de substituição processual realmente fosse o caso do inc. III, do art. 8º, do texto constitucional, por que motivo o mesmo constituinte teria dito, no inc. LXX do art. 5º, que as organizações sindicais possuem legitimidade para impetrar mandado de segurança coletivo, em defesa dos interesses de seus membros ou associados e no inc. IX, do art. 113, que a confederação sindical ou entidade de classe de âmbito nacional possuem legitimidade para ajuizar ação de inconstitucionalidade, se essa legitimidade estivesse mesmo prevista no inc. III do art. 8º?

Nossa opinião, portanto, é de que não estando a substituição processual do sindicato contemplada pela norma constitucional, há necessidade de que lei ordinária a outorgue. A propósito disso, devemos observar que com o advento da Lei n. 7.788, de 3 de julho de 1989, muitos imaginaram que, por força dela, os sindicatos poderiam atuar como substitutos processuais da categoria, na generalidade dos casos. Antes de prosseguirmos nessas considerações, lembremos que o art. 8º da citada lei estatuía: "Nos termos do inciso III do art. 8.º da Constituição Federal, as entidades sindicais poderão atuar como substitutos processuais da categoria...". Pois bem. Contrariamente ao que muitos supunham, o fato de a lei ordinária fazer expressa alusão ao preceito constitucional demonstra que esse não trata, efetivamente, da substituição processual; tanto isso é verdade, que houve necessidade da edição de lei ordinária (n. 7788/1989) para que essa qualidade fosse atribuída às entidades sindicais. Um outro equívoco em que incorreram alguns escritores foi pensar que a substituição concedida pela lei ordinária em exame fosse ampla e genérica, vale dizer, que abrangesse todas as situações em que o sindicato pretendesse ingressar em juízo para promover a defesa dos direitos e interesses, individuais ou coletivos, da categoria. Ora, é elementar que essa substituição estava limitada à matéria sobre a qual versou a Lei n. 7788/1989: política salarial. Em agressão a postulados físicos e aos princípios jurídicos, chegou-se a afirmar que o conteúdo poderia ser mais volumoso do que o continente, ao advogar-se a possibilidade de a substituição processual atribuída pelo art. 8º dessa lei alcançar todo e qualquer caso, toda e qualquer matéria.

Posteriormente, a Lei n. 7788/1989 foi revogada pela Lei n. 8030, de 12 de abril de 1990, cujo art. 12, que atribuía a qualidade de substituto processual ao sindicato, foi vetado pelo Exmº Sr. Presidente da República. Nas edições anteriores, manifestamos a esperança de que sobreviesse norma infraconstitucional atribuindo, de maneira expressa, a qualidade de substituto processual ao sindicato, argumentando: entendemos que a substituição processual constitui um valioso instrumento pelo qual os sindicatos poderão promover a defesa dos interesses individuais ou coletivos dos integrantes da correspondente categoria. Se não lhes reconhecemos, de *lege lata,* essa qualidade, é porque nossa convicção jurídica assim não nos permite. Pois bem, essa norma veio a lume. Trata-se da Lei n. 8.073, de 30 de julho de 1990. Posteriormente, o TST adotou a Súmula n. 310, para dispor, dentre outras coisas, que: a) "o artigo 8º, inciso III, da Constituição da República, não assegura a substituição processual pelo sindicato" (inc. I); b) "a substituição processual autorizada pela Lei n. 8073, de 30 de julho de 1990, ao sindicato alcança todos os integrantes da categoria e é restrita às demandas que visem à satisfação de reajustes salariais específicos, resultantes de disposição prevista em lei de política salarial" (inc. IV). Mais tarde, entretanto, o Pleno do TST, pela Resolução Administrativa n. 119 (DJ de 1º-10-2003), cancelou essa Súmula. Isso não significa, necessariamente, que, doravante, se deva reconhecer que o art. 8º, inciso III, da Constituição Federal seja atributivo da qualidade de substituto processual ao sindicato e que a substituição processual seja ampla, irrestrita, não mais estando jungida às leis de política salarial. Assim dizemos, porque a Súmula n. 310, do TST, na verdade, constituía mera repercussão jurisprudencial da legislação aplicável, sendo certo que essa legislação segue a viger, na inteireza de suas disposições.

Lançados esses escólios, uma nova indagação se impõe: teria o sindicato legitimidade para formular, em nome próprio, pretensão rescisória, com o objetivo de defender direitos ou interesses da categoria?

O problema, em sua essência, não difere do que estivemos a apreciar até há pouco: o da substituição processual.

Se houver norma legal conferindo a entidades sindicais legitimidade para atuarem em juízo como substitutas processuais da categoria, é evidente que elas estarão, *ipso facto*, legitimadas para o exercício de pretensões rescisórias, visando à defesa dos direitos e interesses dessa mesma categoria. Desse modo, se o sindicato atuou nos autos como substituto processual, como assistente ou como litisconsorte, ou seja, como parte, é indiscutível que estará naturalmente legitimado para aforar ação rescisória na mesma qualidade em que agira anteriormente; se o sindicato não participou do processo que deu origem à sentença rescindenda, a sua legitimação para impetrar a desconstituição da *res iudicata* estará subordinada à demonstração de possuir interesse jurídico nisso (CPC, art. 967, II), vez que, nesta hipótese, o fará como terceiro.

Pergunta-se, ainda: os trabalhadores que foram substituídos pelo sindicato no processo em que se emitiu a sentença rescindenda teriam legitimidade para ingressar com a rescisória daquela decisão na qualidade de parte ou de terceiros?

A princípio, poder-se-ia imaginar que não havendo os trabalhadores figurado em um dos polos da relação jurídica processual anterior —, e, sim, o sindicato, como seu substituto —, não lhes seria lícito ingressar com a ação rescisória daquela sentença. Pensar-se-ia, ainda, que somente o sindicato estaria legitimado a isso, ficando reservada aos trabalhadores substituídos a possibilidade de intervirem como assistentes.

Ocorre, no entanto, que o direito processual brasileiro adotou o princípio da legitimidade concorrente, em sede de substituição processual, de tal sorte que tanto o titular do direito material lesado (ou na iminência de sê-lo) quanto o substituto legal podem exercer a pretensão rescisória. Por outras palavras, em nosso meio, a substituição processual não se apresenta como uma obrigação ou dever do sindicato e sim como uma sua faculdade; caso não a exerça, isso não impedirá que o titular do direito substancial invoque a prestação da tutela jurisdicional do Estado em nome próprio.

Malferindo esse princípio, o art. 8º, parte final, da revogada Lei n. 7788/1989, declarava não possuir eficácia a desistência, a renúncia e a transação, individualmente manifestadas pelos substituídos. Essa disposição, embora haja derivado de um oportunismo legislativo, realizado em nome da necessidade de valorizar a figura da substituição processual e, com isso, evitar que os substituídos fossem alvo de pressões advindas da parte adversa, não encobria o seu caráter teratológico, ao subtrair a eficácia da manifestação volitiva do próprio titular do direito material deduzido em juízo. Nada há a objetar quanto ao veto à renúncia, sabendo-se que está concerne ao direito. Um dos princípios fundamentais do direito do trabalho é, exatamente, o da sua irrenunciabilidade. No que toca à desistência e à transação, contudo, muitas vezes estas atendem aos interesses dos próprios substituídos, motivo por que houve insensatez daquele legislador ao proibir-lhes que as realizassem. Por outro lado, em determinados casos, o sindicato tem interesse em manter a demanda, pois isso lhe propiciará certos dividendos eleiçoeiros. Nesse entrechoque de interesses entre os substituídos e o substituto, a prevalência deve ser dos primeiros — que são, em última análise, como afirmamos, os titulares do direito material que dá conteúdo à ação.

Não se cometam, pois, *de lege ferenda*, semelhantes violências às faculdades processuais dos indivíduos.

Em outro livro (*Litisconsórcio, Assistência e Intervenção de Terceiros no Processo do Trabalho*, 3ª ed., São Paulo, Editora LTr, 1995, págs. 54/55), tivemos oportunidade de escrever: "em rigor, o substituído (insistamos: ainda que tenha a titularidade do direito material controvertido em juízo), em face da relação processual que interliga substituto/Estado/réu, se apresenta como *terceiro*. Isso não quer significar que ele, para manifestar o seu intento de desistir da ação, deva se valer de uma das modalidades de intervenção de terceiro, de que se ocupa o Cap. VI, Título I, Livro I, do CPC, pois a nenhum dos pressupostos concernentes a essas intervenções se amoldaria a sua posição pessoal". E concluíamos: "A nosso ver, somente poderia o substituído ser admitido no processo como *assistente litisconsorcial*, pois a sentença a ser aí proferida irá, por certo, 'influir na relação jurídica entre ele e o adversário do assistido' (CPC, art. 54, *caput*)". Estava em vigor, na altura, o CPC de 1973.

Tempos depois, a Súmula n. 310, do TST, estabeleceu em seu inciso VI: "É lícito aos substituídos integrar a lide como **assistente litisconsorcial**, acordar, transigir e renunciar, independentemente de autorização ou anuência do substituto" (destacamos). Essa Súmula, todavia, como se disse, acabou sendo cancelada pela Resolução Administrativa n. 119/2003, do Pleno do TST, deixando, assim, o tema aberto a discussão. Quanto a nós, mantemo-nos fiéis à opinião manifestada há pouco: o substituído só pode ingressar na ação proposta pelo sindicato, para expender algum tipo de manifestação de vontade, capaz de repercutir na causa, se o fizer na qualidade de assistente litisconsorcial.

### *2.4.2. Legitimidade passiva*

Legitimado, passivamente, para a ação rescisória é aquele que integrou — como autor ou como réu — a relação processual originadora da sentença rescindenda.

Sob outro ângulo, a legitimidade para buscar a desconstituição do julgado não é, apenas, de quem figurou como réu no processo anterior: legitimado a isso estará também o autor, como tal identificado naquele processo — hipótese em que o réu, na rescisória, coincidirá com o que participou, nessa qualidade, do processo em que se produziu a sentença rescindenda.

Nessa linha de raciocínio, estabelece a Súmula n. 406, do TST:

"AÇÃO RESCISÓRIA. LITISCONSÓRCIO. NECESSÁRIO NO POLO PASSIVO E FACULTATIVO NO ATIVO. INEXISTENTE QUANTO AOS SUBSTITUÍDOS PELO SINDICATO (conversão das Orientações Jurisprudenciais n.s 82 e 110 da SBDI-2) - Res. 137/2005, DJ 22, 23 e 24.08.2005. I – [...]. II - O Sindicato, substituto processual e autor da reclamação trabalhista, em cujos autos fora proferida a decisão rescindenda, possui legitimidade para figurar como réu na ação rescisória, sendo descabida a exigência de citação de todos os empregados substituídos, porquanto inexistente litisconsórcio passivo necessário. (ex-OJ n. 110 da SBDI-2 - DJ 29.04.2003)."

Na verdade, não se põe em dúvida a legitimidade do sindicato para figurar no polo passivo da relação processual, em sede de ação rescisória, desde que ele tenha sido parte na ação da qual se originou a decisão rescindenda. O que se discute é se, efetivamente, os substituídos, como titulares do direito material, não deveriam, na ação rescisória promovida em face do sindicato, ser citados, para virem integrar lide na qualidade de litisconsortes necessários. Nossa opinião coincide com a da Súmula n. 406, por, quando menos, duas razões jurídicas entendemos inexistir regime litisconsorcial, do tipo necessário, na espécie em exame: a) para manter-se uma simetria processual, pois os trabalhadores (substituídos) não foram parte no processo que deu origem à decisão rescindenda, motivo por que não se justifica serem compartes passivas na ação rescisória; b) seria extremamente difícil (e, em alguns casos, até mesmo impossível) proceder-se à citação de todos os empregados, para integrarem a lide como litisconsortes, porquanto esses trabalhadores poderiam somar centenas e centenas, não serem localizados e o mais. O que nos parece é que não se pode impedir que os referidos empregados ingressem na causa na qualidade de **assistentes litisconsorciais**. Essa intervenção não é obrigatória, mas, facultativa, porquanto depende de requerimento de cada interessado, nos termos do art. 120, do CPC. É importante escalrecer que o empregado, substituído na ação proposta pelo sindicato, figura como terceiro, para efeito de intervir como assistente litisconsorcial. Terceiro, justamente, porque não foi parte naquela relação processual. Desse modo, está atendido o pressuposto de que cuida o *caput* do art. 119, do CPC.

Naqueles casos em que a lei admite o exercício da rescisória por terceiro (CPC, art. 967, II), ou pelo Ministério Público (III), ficarão colocados no polo passivo dessa relação ambas as partes (autor e réu) que atuaram no processo anterior, motivo pelo qual um e outro deverão ser citados para a rescisória.

A particularidade de o réu haver sido revel no processo em que se constituiu a coisa julgada agora sob ataque, não constitui razão jurídica para que se deixe de citá-lo na rescisória ajuizada pela parte adversa. Nem proíbe a lei que o revel exercite pretensão rescisória.

Entende Coqueijo Costa que "Na rescisória, proposta pela parte condenada na ação originária, indevida ou irregularmente, em honorários advocatícios, o réu legitimamente passivo (sic) é o advogado, já que o crédito de tal parcela sentencial lhe pertence de direito, autorizando-o a mover ação de execução independente para cobrar a verba honorária, ou, se for o caso, pedir precatório expedido em seu nome. É o que se dessume da Lei n. 4.215, de 27.4.63" (*Ação Rescisória*. 3ª ed. São Paulo: LTr, 1984, p. 90).

Discordamos, *venia permissa*, dessa opinião. Estivéssemos a tratar de processo civil, não hesitaríamos em aceitar o parecer do ilustre jurista baiano. No plano singular do processo do trabalho, entrementes, por força do disposto no art. 16, da Lei n. 5584, de 26 de junho de 1970, "Os honorários do advogado pagos pelo vencido reverterão em favor do Sindicato assistente" (destacamos). Sendo assim, na situação cogitada pelo notável Coqueijo Costa legitimado passivamente para a rescisória será o sindicato e não o advogado, pois aquele, e não este, é o titular do direito relativo a tais honorários.

O espólio, os herdeiros e os sucessores dos que atuaram como parte no processo anterior, em que foi lançada a sentença rescindenda, estão legitimados para a rescisória, como autores ou como réus.

# CAPÍTULO VIII

# PRESSUPOSTOS

## 1. Comentário

A ação rescisória foi, teleologicamente, instituída para desfazer a coisa julgada (material). A autoridade e a intangibilidade da *res iudicata* não representam, portanto, valores absolutos, porquanto o mesmo texto constitucional, que ordena o respeito às sentenças passadas em julgado (art. 5º, XXXVI), faz expressa referência à rescisória (art. 102, I, j), que, como dissemos, é o remédio que o nosso ordenamento processual reserva para o ataque (= desconstituição) aos pronunciamentos da jurisdição em relação aos quais já se esgotaram as vias recursais.

O trânsito em julgado da sentença (ou do acórdão) figura, conseguintemente, como pressuposto para o ajuizamento da rescisória. O simples fato de a decisão haver passado em julgado não basta, porém, para autorizar o exercício de uma pretensão dessa natureza; para isso, é imprescindível que o provimento jurisdicional tenha ingressado no exame do mérito.

O CPC de 2015, entretanto, trouxe uma inovação de grande vulto, em relação ao tema, ao permitir o uso da ação rescisória tendo como objeto decisão que não se pronunciou sobre o mérito. Com efeito, após enumerar, nos incisos I a VIII do art. 966, as causas de rescindibilidade dos pronunciamentos jurisdicionais de mérito, o legislador inseriu nessa mesma norma o § 2º, para dispor: "Nas hipóteses previstas nos incisos do *caput*, será rescindível a decisão transitada em julgado que, **embora não seja de mérito**, impeça: a) nova propositura da demanda; ou b) a admissibilidade do recurso correspondente" (destacamos).

É oportuno recordar que no sistema do digesto processual civil de 1939 admitia-se a rescindibilidade dos julgados em geral, ou seja, até mesmo daqueles que não haviam penetrado o exame do *meritum causae*. Segundo a nomenclatura consagrada pelo Código revogado, aliás, as sentenças terminativas correspondiam às que, atualmente, encerram o processo sem prospecção do mérito; as definitivas, às que, hoje, extinguem o processo com julgamento das questões de fundo.

Estando certo que a rescisória pressupõe o trânsito em julgado da sentença de mérito, isso equivale a afirmar, por outro lado, que o exercício dessa ação não será possível quando se tratar: a) de sentença passada em julgado, que não tenha tangido as questões de fundo; b) de sentença de mérito, que ainda não haja passado em julgado.

## 2. Decisão de mérito

Embora venhamos a dedicar todo o capítulo X à investigação do conceito de mérito, com vistas ao manejo da ação rescisória, é recomendável anteciparmos, aqui, algumas considerações a respeito do assunto.

Parece-nos que a configuração jurídica do conceito de mérito é indissociável da presença de lide, no caso concreto. Antes do surgimento da notável obra de Carnelutti, o significado do vocábulo lide não possuía a importância que ostenta nos dias atuais: em alguns casos era utilizado para significar o conflito de interesses a ser dirimido pelo Estado-juiz; em outros, para expressar o próprio processo como método estatal de solução de conflitos dessa natureza. Carnelutti atribuiu ao termo, entretanto, um sentido mais científico, ao elegê-lo para caracterizar e definir o conflito subjetivo de interesses qualificado pela pretensão manifestada por uma das partes e pela resistência oferecida pela outra. É do eminente mestre italiano esta conclusão: "O julgamento desse conflito de pretensões mediante o qual o juiz, acolhendo ou rejeitando o pedido, dá razão a uma das partes e nega-a à outra, constitui uma decisão definitiva de mérito"[(61)].

O conceito de mérito se encontra estampado — ainda que de maneira oblíqua — no art. 503 do CPC vigente, ao declarar que "A decisão que julgar total ou parcialmente o mérito tem força de lei nos limites da questão principal expressamente decidida" (destacamos). É bem verdade que disposição semelhante a essa já se achava no texto do art. 287, do CPC, de 1939, cujo parágrafo único esclarecia que se consideravam decididas todas as questões que constituíssem premissa necessária da conclusão.

## 3. Trânsito em julgado

Denomina-se coisa julgada material a eficácia, que torna imutável e indiscutível a sentença (ou o acórdão) não mais sujeita à impugnação, pela via recursal ordinária ou extraordinária (CPC, art. 502).

---

(61) Obra cit., p. 86

O trânsito em julgado supõe, à evidência, o decurso em branco do prazo para a interposição do recurso; em determinadas situações, porém, não se pode, em rigor, falar de trânsito em julgado, como ocorre, caracteristicamente, com as sentenças emitidas nas causas de valor inferior a duas vezes o salário mínimo, de que fala a Lei n. 5584/1970 (art. 2º, § 4º), porquanto estas são irrecorríveis, desde o momento em que são lançadas nos autos. O transitar em julgado pressupõe que o pronunciamento jurisdicional era impugnável; daí porque não se pode misturar o conceito de sentença irrecorrível, vale dizer, aquela espécie de dicção jurisdicional que traz em si, ontologicamente, com o veto à recorribilidade.

Ambas as classes de decisões podem, porém, ser objeto de ação rescisória.

Sabendo-se que um dos pressupostos para a admissibilidade da rescisória é o trânsito em julgado da sentença, qual deveria ser o procedimento do relator ao constatar que a sentença rescindenda ainda não passou em julgado?

A princípio, poder-se-ia pensar que devendo o interesse processual (como uma das condições da ação) ser examinado no momento em que a decisão for proferida, segundo o entendimento predominante da corrente doutrinária a que nos filiamos, a rescisória, na hipótese aventada, deveria ser admitida, pois até a data do seu julgamento teria ocorrido, sem dúvida, o trânsito em julgado da decisão que ela visa a desconstituir. Inferência que tal seria, contudo, produto de uma visão imperfeita do problema, na medida em que a prova do trânsito em julgado da sentença rescindenda constitui requisito indispensável à admissibilidade da rescisória. Essa exigência constava da Súmula n. 107, do TST, que foi cancelada pela 299; esta estabelece: "AÇÃO RESCISÓRIA. DECISÃO RESCINDENDA. TRÂNSITO EM JULGADO. COMPROVAÇÃO. EFEITOS (nova redação do item II em decorrência do CPC de 2015) - Res. 211/2016, DEJT divulgado em 24, 25 e 26.08.2016. I - É indispensável ao processamento da ação rescisória a prova do trânsito em julgado da decisão rescindenda. (ex-Súmula n. 299 – Res. 8/1989, DJ 14, 18 e 19.04.1989). II - Verificando o relator que a parte interessada não juntou à inicial o documento comprobatório, abrirá prazo de 15 (quinze) dias para que o faça (art. 321 do CPC de 2015), sob pena de indeferimento (ex-Súmula n. 299 - Res 8/1989, DJ 14, 18 e 19.04.1989). III - A comprovação do trânsito em julgado da decisão rescindenda é pressuposto processual indispensável ao tempo do ajuizamento da ação rescisória. Eventual trânsito em julgado posterior ao ajuizamento da ação rescisória não reabilita a ação proposta, na medida em que o ordenamento jurídico não contempla a ação rescisória preventiva. (ex-OJ n. 106 da SBDI-2 - DJ 29.04.2003). IV - O pretenso vício de intimação, posterior à decisão que se pretende rescindir, se efetivamente ocorrido, não permite a formação da coisa julgada material. Assim, a ação rescisória deve ser julgada extinta, sem julgamento do mérito, por carência de ação, por inexistir decisão transitada em julgado a ser rescindida. (ex-OJ n. 96 da SBDI-2 - inserida em 27.09.2002)".

Percebe-se, pois, que o TST incorporou à Súmula n. 299 a regra inscrita no art. 321, do CPC, de 2015, assim, redigidia: "O juiz, ao verificar que a petição inicial não preenche os requisitos dos arts. 319 e 320 ou que apresenta defeitos e irregularidades capazes de dificultar o julgamento de mérito, determinará que o autor, no prazo de 15 (quinze) dias, a emende ou a complete, indicando com precisão o que deve ser corrigido ou completado". Somente se o autor deixar de cumprir o despacho judicial no prazo previsto em lei é que a petição inicial será indeferida (*ibidem*, parágrafo único).

## 4. Prequestionamento

Embora o substantivo prequestionamento não se encontre dicionarizado, no tecnicismo clássico da linguagem processual ele significa o ato de discutir, de controverter, previamente, determinada matéria ou ponto dessa, como requisito indispensável para que o tribunal possa apreciá-la. Em sede de recurso extraordinário, p. ex., estabelece a Súmula n. 282 do STF que "É inadmissível o recurso extraordinário, quando não ventilada, na decisão recorrida, a questão federal suscitada"; e a Súmula n. 356, do mesmo sodalício: "O ponto omisso da decisão, sobre o qual não foram opostos embargos de-claratórios, não pode ser objeto de recurso extraordinário, por faltar o requisito do prequestionamento".

A exigência do prévio questionar, no caso do recurso extraordinário, é lógica e juridicamente justificável, pois o Excelso Pretório apenas poderá (re) examinar questões que tenham sido, anteriormente, ventiladas perante os órgãos secundários. "Ventilar quer dizer debater, discutir, tornar a matéria res controversa. Está em controvérsia a norma constitucional quando o tribunal *a quo* a aprecia em seu merecimento, quando a seu respeito há res dubia, quando se litiga sobre a sua aplicabilidade, não, porém, quando é excluída de qualquer julgamento por não incidir a norma constitucional" (STF, Ac. 1ª T., RE-97. 358-MG, Rel. Min. Alfredo Buzaid, DJU de 11.11.83, pág. 17452).

A cláusula do prequestionamento foi criada pelo direito norte-americano, por meio do Judiciary Act, de 24-9-1789. Esse Ato, adaptando o *writ or error* do direito inglês às singularidades da organização da Colônia, permitiu o recurso para a Suprema Corte.

No plano da Justiça do Trabalho, o prequestionamento é exigido em tema de recurso de revista, como revela a Súmula n. 297, do TST, a seguir reproduzida: "1. Diz-se prequestionada a matéria ou questão quando na decisão impugnada haja sido adotada, explicitamente, tese a respeito. 2. Incumbe à parte interessada, desde que a matéria haja sido invocada no processo principal, interpor embargos declaratórios objetivando o pronunciamento sobre o tema, sob pena de preclusão. 3. [...]".

Tendo a revista trabalhista natureza extraordinária, é compreensível a imposição de um prévio questionamento da matéria, porquanto se o Tribunal Regional sobre ela não se pronunciou (ainda que se devesse pronunciar e a omissão não foi suprida via embargos de-claratórios) não se caracteriza o conflito de teses pertinentes à discrepância de julgados ou a ofensa à norma legal. Conforme lição do eminente Ministro Marco Aurélio Mendes de Farias Mello, contida em ementa de acórdão de sua lavra, "A razão de ser do prequestionamento é 'nada nasce sem causa, mas tudo surge por alguma razão e em virtude de uma necessidade' (Filosofia Materialista grega que data de 2.500 anos) e está na necessidade de proceder-se ao cotejo do decidido com o preceito legal apontado como malferido ou com o aresto-paradigma que se tem como a revelar o dissenso jurisdicional. Isto para concluir-se pelo atendimento a um dos permissivos do art. 896 da CLT"[(62)].

As considerações que até esta parte formulamos foram necessárias para demonstrar que o requisito do prequestionamento encontra razões lógicas e jurídicas para a sua existência no âmbito dos recursos — em especial do extraordinário e do de revista.

O Tribunal Superior do Trabalho, contudo, por sua Súmula n. 298 erigiu o prequestionamento como requisito indispensável para o conhecimento da ação rescisória. A precitada Súmula está assim enunciada: "I - A conclusão acerca da ocorrência de violação literal de lei pressupõe pronunciamento explícito, na sentença rescindenda, sobre a matéria veiculada; II – [...]".

Teria sido acertada essa orientação derivante da mais alta Corte de Justiça trabalhista do país?

Pensamos, *data venia*, que não.

Insistamos no argumento de que, no recurso extraordinário, o requisito em exame se justifica segundo a necessidade de que a questão federal tenha sido previamente apreciada, a fim de poder-se realizar a unificação do direito federal; por outras palavras, para que esse escopo seja alcançado, é imprescindível que a justiça local haja emitido um derradeiro pronunciamento acerca da matéria. Com isso, também estamos a afirmar que a Suprema Corte deve limitar-se, fundamentalmente, àquelas questões que tenham sido objeto de discussão nos graus inferiores; daí a necessidade de prévio questionamento do ponto que, mais tarde, ensejará a interposição do recurso extraordinário.

---

(62) Referido pelo Min. Carlos Alberto Barata Silva, no artigo: "Recurso de Revista", *in Estudos em memória de Coqueijo Costa*. São Paulo: LTr, 1989. p. 286

Além disso, é importante destacar que nesse recurso o juízo é sempre de direito — particularidade que, da mesma forma, assinala o recurso de revista trabalhista (com sua índole extraordinária), bastando lembrar que, a teor da Súmula n. 126 do TST, é "Incabível o recurso de revista ou de embargos (CLT, arts. 896 e 894, b) para reexame de fatos e provas" (destacamos).

Ora, é ressabido que nenhuma dessas singularidades está presente na ação rescisória, que, ao contrário dos recursos em geral, instaura uma nova relação processual e cujo juízo pode ser não só de direito como também de fato.

As próprias causas legais de rescindibilidade dos julgados (CPC, art. 966) repelem — pelas repercussões deletérias que tais vícios das sentenças soem acarretar no ordenamento jurídico — o requisito do prequestionamento, motivo por que constituirá medida de bom-senso anatematizá-lo dessa área. Imaginemos, v. g., que a decisão rescindenda haja perpetrado ofensa à literal disposição de lei (assunto de que se ocupa a Súmula n. 298 do TST) ou mesmo à coisa julgada: seria nimiamente desarrazoado recusar-se a ação rescisória sob a alegação de que ditas eivas da sentença não teriam sido questionadas anteriormente (em grau de recurso), pois com isso se estaria permitindo, em última análise, grave afronta ao texto da Constituição Federal em que se inscreve, com força de princípio, a garantia de respeito à lei e à *res iudicata* (art. 5º, II e XXXVI).

Daí, a nossa discordância do entendimento perfilhado pelo TST e cristalizado em sua Súmula n. 298, ainda que se deva inteligir que as disposições desta estão circunscritas à rescisória fundada em transgressão manifesta à norma jurídica.

Uma tal interpretação restritiva não redime, entretanto, a Súmula em apreço do equívoco em que incidiu.

Pior será, evidentemente, o elastecimento dessa orientação jurisprudencial (se é que ele já não se acha insinuado nos termos da Súmula n. 298) para a generalidade das causas de rescindibilidade dos provimentos jurisdicionais. Sucede que essa generalização estará, em sua origem, comprometida por intransponível ilogismo diante de certas situações, como as previstas pelos incisos VI e VII, do art. 966, do CPC. Admite aquele a ação rescisória sempre que a sentença se tenha calcado em prova, cuja falsidade haja sido constatada em processo criminal ou na própria rescisória; este abre caminho à rescisória toda vez que, depois de passada em julgado a sentença a que ela visa, o autor obtiver prova nova, de que não tinha conhecimento, ou que não lhe foi possível utilizar — suficiente, por si só, de assegurar-lhe um julgamento favorável.

Ora, se essas causas de desconstituição da coisa julgada material se verificam, quase sempre, posteriormente ao proferimento da decisão rescindenda, não faz sentido exigir-se aqui o prequestionamento; afinal, como se poderia questionar a respeito de algo que nem sequer existia?

Em suma, sendo a rescisória uma ação (e não recurso) autônoma — que instaura, como dissemos, uma nova relação jurídica processual — e que, as mais das vezes, se baseia em motivos diversos daqueles que foram suscitados e debatidos nos autos do processo que deu origem à sentença rescindenda, soa insensata qualquer exigência de prequestionamento. Impor esse prévio questionar será submeter a rescisória à inadequada disciplina característica do recurso extraordinário, ou dos meios de impugnação às resoluções jurisdicionais que possuam semelhante natureza, como é o de revista, nos domínios do processo do trabalho.

Cremos, até mesmo, que o prequestionamento na rescisória corresponde a um desconhecimento das razões onto-teleológicas que conduziram à instituição, em nosso meio, dessa ação, com sua peculiar vocação para desconstituir a coisa julgada, independentemente de a sentença rescindenda haver, ou não, se manifestado sobre o ponto que é objeto da rescisória.

Esperamos, pois, que o Tribunal Superior do Trabalho — se julgar ponderandos os nossos argumentos —, revendo a sua posição em face do assunto, cancele a Súmula n. 298, com o que estará permitindo que a rescisória tenha livre trânsito no amplo espaço aberto pelo atual diploma processual civil.

Aliás, a Súmula n. 297, do mesmo Tribunal, declara que, sendo omissa a decisão sobre matéria que tenha sido ventilada no recurso principal, a parte deva oferecer embargos declaratórios, à guisa de prequestionamento, "objetivando o pronunciamento sobre o tema, sob pena de preclusão". O que está implícito no enunciado da Súmula é a declaração de que, sem que o juízo *a quo* se manifeste a respeito de tema que tenha sido brandido no recurso, o *ad quem* não tem condições de saber se foi, ou não, adotada tese pelo *a quo*, e, em razão disso, não se torna possível o julgamento do recurso dirigido ao *ad quem*. Pode-se, então, inferir, com base na dicção do item II da Súmula n. 297, do TST, que o prequestionamento constitui requisito indispensável para o julgamento do recurso de revista e de outros, de natureza extraordinária. Entrementes, a mesma Súmula, no item III, dispõe: "Considera-se prequestionada a questão jurídica invocada no recurso principal sobre a qual se omite o Tribunal de pronunciar tese, não obstante opostos embargos de declaração. É razoável presumir que esse item foi inserido na Súmula para evitar as arguições de nulidade processual, por negativa de prestação jurisdicional, alegada pela parte, sempre que o juízo competente deixasse de julgar os embargos de declaração, por ela oferecidos tempestivamente. Todavia, se esse foi o escopo do TST, ele não se deu conta de que o item III da Súmula produziu um grave efeito colateral, pois o que aí está dito, em última análise, é que, por exemplo, um recurso de revista poderá ser julgado sem que tenha havido pronunciamento expresso do juízo *a quo* acerca do tema que constitui objeto desse recurso: basta que tenham sido oferecidos embargos declaratórios (sem que tenha sido analisado o conteúdo destes). O item III da Súmula n. 297, do TST, deita por terra, conseguintemente, o vetusto discurso retórico em que se apoiavam os defensores do prequestionamento como pressuposto indispensável ao julgamento dos recursos de índole extraordinária.

# CAPÍTULO IX

# COMPETÊNCIA

## 1. Comentário

A ação rescisória integra o elenco das competências ditas originárias dos tribunais do trabalho. Tem sido de larga tradição legislativa, entre nós, não atribuir competência aos órgãos de primeiro grau (Varas do Trabalho) para desconstituir as sentenças por eles proferidas (e que tenham, por certo, transitado em julgado).

No Tribunal Superior do Trabalho, compete: a) à Seção Especializada em Dissídios Coletivos (SDC) julgar as ações rescisórias propostas contra suas sentenças normativas (RI, art. 77, I, "d"; b) à Seção Especializada em Dissídios Individuais (SDI-II), as rescisórias que tenham como objeto os acórdãos proferidos por essa Subseção, pela Subseção II e pelas Turmas do Tribunal (RI, art. 78, III, "a", I).

Nos Tribunais Regionais, em regra compete ao Pleno (ou ao Grupo de Turmas) julgar as rescisórias das decisões proferidas por ele, pelas Turmas, ou pelo juízo de primeiro grau (Varas do Trabalho ou da Justiça Comum estadual, conforme seja o caso).

De qualquer modo, entendemos que essa distribuição interna (funcional) de competência poderá ser regimentalmente modificada — desde que isso não implique ofensa à lei —, porquanto a Constituição Federal em vigor estatui ser da competência privativa dos tribunais dispor "sobre a competência e o funcionamento dos respectivos órgãos jurisdicionais[...]" (art. 96, I, "a"). O Pleno, as Turmas, os Grupos de Turmas e as Secções Especializadas constituem, sem dúvida, órgãos dos Tribunais do Trabalho.

O problema respeitante à determinação da competência em sede de ação rescisória não é, todavia, tão simples quanto possa parecer. Há certas situações particulares que exigem do intérprete uma especial acuidade jurídica, sob pena de acabar extraindo conclusões agressivas do verdadeiro sentido das regras atributivas de competência aos órgãos da jurisdição.

Quando, p. ex., não for admitido o recurso de revista ou o de embargos, será competente para apreciar a rescisória do acórdão regional que examinou o mérito não o Tribunal Superior do Trabalho, e, sim, o Tribunal Regional que emitiu a decisão que se pretende desconstituir. Essa é a escorreita orientação adotada pela jurisprudência e consolidada pela Súmula n. 192, do TST. Em livro anterior, observamos: "Na hipótese, contudo, de não serem conhecidos embargos interpostos de acórdão proferido em recurso de revista que penetrara o mérito, a competência para processar e julgar a rescisória será do Tribunal Superior do Trabalho e não do Regional que proferiu o acórdão viciado. Esta nota particular não foi percebida pela Súmula n. 192, do TST. Nem por isso, deve ser desconsiderada quando se cuidar de extrair uma adequada interpretação do enunciado da mencionada Súmula" (*Ação Rescisória,* p. 100/101). Provavelmente por esse motivo, o TST, pela Resolução Administrativa n. 121, de 28 de outubro de 2003, deu nova redação à mencionada Súmula, para dispor, no inciso II: "Acórdão rescindendo do Tribunal Superior do Trabalho que não conhece de recurso de embargos ou de revista, analisando arguição de violação de dispositivo de lei material ou decidindo em consonância com enunciado de direito material ou iterativa, notória e atual jurisprudência de direito material da Seção de Dissídios Individuais (Súmula n. 333), examina o mérito da causa, cabendo ação rescisória da competência do Tribunal Superior do Trabalho".

Se o autor ingressar com a rescisória no Tribunal Superior do Trabalho, colimando desfazer acórdão proferido por Tribunal Regional — que tenha investigado o mérito —, a competência para julgá-la será deste Tribunal e não daquele, razão por que incumbirá ao TST, declarando-se incompetente, determinar a remessa dos autos ao Regional para que aprecie a ação como entender de direito. Como se trata, na espécie, de incompetência hierárquica (ou funcional) e sendo esta absoluta, poderá ser declarada mesmo de ofício, a despeito de poder ser alegada pela parte, independentemente de exceção (CPC, art. 64, § 1º, *caput*).

A mesma solução haverá de ser adotada se ocorrer hipótese inversa: o autor postular ao Regional a desconstituição de acórdão de mérito emitido pelo Tribunal Superior do Trabalho.

A Orientação Jurisprudência n. 70, da SBDI-2, do TST, entretanto, considera inepta a petição inicial, nesses casos, autorizando o seu indeferimento, com a consequente extinção do processo sem exame do mérito. A nosso ver, essa OJ se faz provida de um rigor excessivo, que é incompatível com o processo do trabalho, designadamente, se considerarmos o fato de, segundo entendimento do STF, estar em plena vigência o art. 791, *caput,* da CLT, que atribui capacidade postulatória às partes, por forma a permitir-lhes promover, pessoalmente (ou seja, sem constituição de advogado), a defesa dos seus direitos e interesses, nos diversos graus da Justiça do Trabalho – portanto, sem a restrição imposta pela Súmula n. 425, do TST.

Problema não menos delicado concerne à existência de mais de uma sentença de mérito, nos mesmos autos. A sua resolução nem sempre será uniforme, pois dependerá diretamente do interesse a ser manifestado pelo autor. Forneçamos um exemplo. O Regional, dando provimento ao recurso ordinário interposto pelo autor, declara existente a relação de emprego pretendida e que antes fora recusada pelo órgão de primeiro grau. Retornando os autos ao juízo de origem, este, mediante sentença, aprecia os demais pedidos constantes da inicial (indenização, horas extras, aviso prévio, férias etc.). Não há negar que tanto o acórdão do Regional quanto a sentença da Junta (ou do juiz de direito) examinaram o mérito da causa (relação de emprego é matéria de mérito, daí por que quando o órgão jurisdicional a repele não deve declarar a carência da ação). Pois bem. Caso a parte pretenda desconstituir o acórdão ou a sentença, a competência para isso será sempre do Tribunal Regional, porquanto conforme deixamos sublinhado anteriormente, é de nossa tradição legislativa não atribuir competência rescisória aos órgãos de primeiro grau da jurisdição. Na situação em foco, poderia ainda a parte (desde que provida de legitimidade e de interesse) buscar a rescisão: a) apenas do acórdão; b) apenas da sentença; ou c) de ambos, ao mesmo tempo.

No primeiro caso, é óbvio que, desfeito o acórdão, desapareceria, *ipso facto*, a sentença, pois negada a existência de vínculo de emprego, não poderia subsistir a sentença que houvesse condenado o réu, e.g., ao pagamento de indenização, aviso prévio e o mais; no segundo, rescindida a sentença, o acórdão permaneceria íntegro, podendo o Tribunal, no exercício de seu *iudicium rescissorium*, proferir novo julgamento relativo aos fatos examinados pelo juízo inferior, se este for o caso; no terceiro, pareceria haver carência da ação, quanto ao desfazimento da sentença, vez que a simples desconstituição do acórdão acarretaria a automática eliminação da sentença. Não é bem assim. Não ignoremos que o Tribunal poderia, no julgamento da rescisória, manter o acórdão e rescindir, somente, a sentença, se se convencesse que essa seria a melhor decisão, segundo os elementos de fato e de direito contidos nos autos.

Isto também é certo: sendo rescindíveis, a um só tempo, a sentença e o acórdão, não haverá necessidade de duas ações para isso: basta uma só, compreendendo ambas as decisões passadas em julgado. Este entendimento foi perfilhado pela Orientação Jurisprudernciał n. 78, da SBDI-II, do TST: "AÇÃO RESCISÓRIA. CUMULAÇÃO SUCESSIVA DE PEDIDOS. RESCISÃO DA SENTENÇA E DO ACÓRDÃO. AÇÃO ÚNICA. ART. 326 DO CPC DE 2015. ART. 289 DO CPC DE 1973 (atualizada em decorrência do CPC de 2015) – Res. 208/2016, DEJT divulgado em 22, 25 e 26.04.2016. É admissível o ajuizamento de uma única ação rescisória contendo mais de um pedido, em ordem sucessiva, de rescisão da sentença e do acórdão. Sendo inviável a tutela jurisdicional de um deles, o julgador está obrigado a apreciar os demais, sob pena de negativa de prestação jurisdicional".

Duas nótulas sobre essa Súmula: a) conquanto ela cogite da formulação de pedidos em ordem **sucessiva** (CPC, art. 326), a ordem é **subsidiária**, nos termos da própria norma legal referida; b) a sua conclusão de que bastará apenas uma ação rescisória se aplica por inteiro aos casos em que os pedidos são **cumulativos** (CPC, art. *327*), vale dizer, em que se postula a rescisão da sentença **e** do acórdão. Essa cumulação somente não será possível quando a competência para essas rescisões não for do mesmo órgão jurisdicional, como se daria, por exemplo, quando se buscasse desconstituir acórdão regional e acórdão do TST.

Se a parte ajuizar a rescisória no Tribunal, com a finalidade de apagar a sentença prolatada pela Vara, mas que não tenha sido a última decisão de mérito lançada nos autos (esta, a única efetivamente rescindenda), caberá ao Tribunal pronunciar a carência da ação, em virtude da falta de interesse processual do autor. Nessa hipótese, a sentença teria sido substituída (CPC, art. 1008) por um acórdão de mérito, motivo pelo qual a ação rescisória deveria ser dirigida a este. E, justamente, por não mais existir no mundo jurídico a sentença, é que o autor deve ser declarado carecente da ação, por falta de interesse processual, pois, afinal, pretende desconstituir algo que já não existe.

De resto, a competência de Tribunal Regional do Trabalho que venha a ser criado é, no geral, fixada pela própria Lei que o institui. Instalado o novo órgão de segundo grau, passa este a ser competente para apreciar as ações rescisórias que vierem a ser postas em juízo a contar daí, ainda que tenham como objeto sentenças emitidas por Varas do Trabalho (ou juízes de direito) ao tempo em que o Tribunal não existia.

Quando estava em vigor o CPC de 1973, dissemos estar patente que as nossas sucessivas referências aos pronunciamentos jurisdicionais rescindíveis só estaria, a levar em conta aqueles que haviam ingressado no exame do mérito, pois se assim não o fizessem seriam insuscetíveis de ataque pela via rescisória, de acordo com a regra que emana do art. 485, *caput,* daquele CPC. A despeito disso, em posição doutrinário algo heterodoxa – mas, nem por isso, desconfortável – admitíamos, em certas situações particulares, a possibilidade do exercício da ação rescisória tendo como objeto decisão que **não** havia examinado o mérito da causa. Nossos argumentos, em defesa desse ponto de vista, estão expostos no capítulo XXIV, do Caderno n. 42.

Ora, bem. Sobrevém o CPC de 2015, cujo § 2 º, do art. 966 admite o exercício da ação rescisória de pronunciamento jurisdicional que não tenha examinado o mérito, desde que impeça novo ajuizamento da ação ou a admissibilidade do recurso correspondente. O legislador resolveu ouvir a doutrina.

Sobre o exato conceito processual de sentença de mérito discorremos no capítulo X, do Caderno 40.